Чујте Срби!

Чујте Срби!

Чувајте се себе

Рудолф Арчибалд Рајс

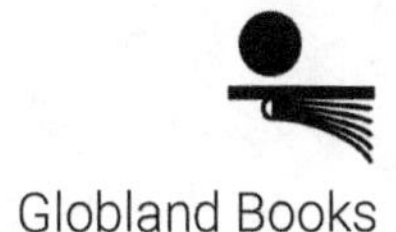

Globland Books

УВОД

Београд, 1. јуна 1928. године

Био сам с вама када сте били у невољи. Делио сам с вама те патње и, да бих то могао, жртвовао сам сјајан живот и веома лепу каријеру која је много обећавала. Заволео сам вас јер сам на делу видео ваше људе из народа у биткама и пресудним тренуцима, када се препознаје истински карактер неке нације. Заволео сам вас и због жртава које сам ради вас поднео, јер за људе и ствари се утолико јаче везујемо уколико нас то везивање кошта жртвовања.

Видео сам вам међутим, и мане, мане које су се ужасно исказале после рата. Неке ваше мане ће, ако их не отклоните, бити погубне по вашу нацију. Не бих вам био пријатељ ако не бих повикао „чувајте се” и ако вам не бих, уз врлине, које су истинске и лепе, указао, као у огледалу, на ваше лоше стране. Нећу скрити од вас ништа битно од онога што сам видео, јер прави пријатељ није онај који вам ласка, већ онај који вам каже истину, целу истину.

Међутим, нећете имати то огледало у рукама док сам ја у животу. Наћи ћете га у мојим списима и чинићете с њим што год будете хтели. Или ћете га прочитати, замислити се над његовим садржајем и из тога извући корист, или ћете га, пак, презрети, па ће онда она истинска српска душа, душа ваших хајдука и јунака ратова за ослобођење, нестати са ваших простора. То ће бити последња услуга коју могу да вам учиним.

ВАШ НАРОД

У набрајању ваших врлина нећу морати да вам говорим о ономе што ви називате „интелигенцијом”. Њоме ћу се позабавити тек у деловима посвећеним вашим манама. Срећом, ваш народ понајвише чине сељаци, а не „интелигенција”.

Ваша нација је имала веома лепу прошлост, после које су уследили дуги несрећни векови. Пошто сте основали велико царство, које је, судећи по ономе што је од њега остало, много обећавало и у своје доба било напредно попут западних царевина и краљевина, пали сте под превласт Турака, затим и у њихово ропство. Да би избегли то робовање, многи од вас су напуштали земљу и тражили уточиште код моћних суседа, Аустро-Угара, али су само мењали господара. Под Турцима сте много пропатили. Били сте раја. Цркве и манастире сте склањали под земљу или у дивље планинске кланце, далеко од путева својих господара. Отимали су вам децу и од њих стварали јаничаре. Од своје сиротиње сте плаћали и добар „десетак" угњетачима. Ваши родољуби нису могли да трпе тај неподношљиви јарам па су потражили склониште у шумама, у које Турчин није смео да крочи. Били су то ваши хајдуци, духовни оци оних који су остварили повлачење преко Албаније, Цер и Јадар, Кајмакчалан и Добро поље. Терали су вас са плодних равница, њих је запоседао Турчин, а вама остављао само камените планинско земљиште.

Ипак, упркос свим тим невољама, веома је мало ваших вољених покушало да избегне тај грозни положај прихватањем муслиманске вере. Велика већина ваших предака је, и поред дуготрајних патњи, остала одана старој вери и није хтела да повије врат пред окрутним туђином. Гуслари су опевали вашу минулу величину и тако били ваша савест.

Ти дуги векови под јармом су у вашем народу

трајан печат. Тиме је он стекао дивне врлине, али и велике мане, а сачувао је и те врлине и те мане.

Погледајмо најпре те врлине, имајући на уму да вам сад говорим о народу уопште, а не о неким слојевима вашег становништва.

Народ вам је храбар и његова храброст често сеже до јунаштва. Могу то с правом да кажем јер сам гледао ваше војнике, а они нису били ништа друго до сам народ, у скоро свим биткама великог ослободилачког рата. Видео сам и повлачење преко Албаније, када су вам се многи сељани и варошани надметали у јунаштву са војницима, војницима који су стигли на Крф тек као људске сенке и од којих су многи на вечној стражи у морским дубинама.

Видео сам и ваше рањенике у покретним болницама и на операционим столовима. Ретко би им се јаук, па ни јецај, отео из уста, а често их, нарочито у почетку рата, услед недостатка наркотика нису ни успављивали.

Народ вам је родољубив. Не знам ни за један народ у којем легендарни национални јунаци толико живе у народној души као код вас. А имате и онај величанствени дар да вас сећање на те јунаке зна толико надахнути да вам властити живот више ништа не значи. То је зато што лик тих легендарних јунака излази из вас самих. Сачињен је од комадића које одаје ваша душа. Урођени здрав разум вам је у тим јунацима — који су у стварности често били сасвим другачији — пронашао прави и можда једини начин да одржите нетакнутим свој национални идеал. Краљевић Марко вам је послужио као огледало.

Да бисте очували патриотизам, култу својих националних јунака додали сте још једно, скоро исто толико делотворно средство. Претворили сте своју религију у народну цркву, боље рећи, у народну традицију. Истина, ви осећате, попут сваког човека који заиста размишља, да постоји нешто неодредљиво, нешто сувише узвишено да би се појмило, над нама, нешто што наткриљује свет и управља њиме. Међутим, ви нисте религиозни. Нисте могли да прихватите Бога какав је у *Библији*, претворили сте га у вечног и свемоћног главара свог народа. Ако бих могао да у овој области употребим тривијалан израз, радо бих рекао да ваш „бог” носи оклоп и браду Краљевића Марка, шајкачу вашег ратника са Цера и Јадра, Кајмакчалана и Доброг поља. Попови вам нису били нити јесу црквени људи, већ ватрени родољуби са свим врлинама и манама вашег народа.

Религија је, свакако, моћно средство поретка, а здрав разум вам је показао пут да је понародите и да је такву прихвате ваши људи. Та религија вас, упркос вама, одржава. Мушкарци вам поготово нису често у цркви. Колико сам само пута, у време обреда, ушао у ваше храмове и тамо затекао тек неколико ретких верника, и то скоро искључиво жена. Али се чак и онај Србин који се хвалише да га је „баш брига и за попа и за његова посла” прекрсти када сазна нешто што га жестоко погоди, или оде да пободе упаљену свећу испред иконостаса кад изгуби драго биће. Брижљиво чувајте ту народну религију јер ће ваш народ, оног дана кад је напустите, бити изгубљен.

Ваш народ је гостољубив. У села човек не може доћи, а да не наиђе на широкогруд дочек. Народне светковине још чувају онај некадашњи прелепи обичај угошћавања. Први комад божићног колача чува се за намерника.

Народ вам је демократичан, и то заиста демократичан, а не на начин политичара. Међу вашим људима човек се цени онолико колико је човек, а не по ономе што су од њега учинили одело и титуле. Новац му, наравно, као и свуда, улива поштовање и оставља утисак, али тај утисак није толики да би га натерао да се одрекне властитог достојанства.

Ваш народ зна за самилост и понекад је такав у тренуцима када се човек не нада да ће код њега наћи ту лепу људску особину. Колико сам, тако, пута у току рата гледао како доводе заробљене непријатељске војнике изнурене од глади и, уместо да те људе, који су им спалили куће и масакрирали жене и децу, злостављају, ваши војници би се смиловали над њиховом судбином и давали им последње парче хлеба из џепа.

Народ вам је поносан, али не и охол. Тај понос није мана, већ врлина. Она је нужна сваком заиста добром човеку јер га спречава да подлегне злим утицајима или искушењима.

Тај понос је, напросто, поштовање сопствене личности. Лоши људи га немају. Они су само охоли.

Најзад, ви сте бистар народ, један од најбистријих које сам за живота видео. Схватите брзо и правилно. Са својом интелигенцијом и природним богатствима тла, морали бисте имати једну од главних улога у Европи. Ваше мане, поготово мане оних које ви називате својом „интелигенцијом", спречавају вас да то постигнете.

Погледајмо сада мане вашег народа.

Нисте велики радници. Често одлажете за сутра, чак и за прекосутра, оно што бисте могли да урадите данас. Последица је да се то, често, никада и не уради. Колико сте само личних и, још горе, колико сте губитака по своју земљу поднели због тог олаког дангубљења! И ваш сељак губи, због недовољног залагања у раду, добар део онога што би могао добити од своје много плодне земље. Он не примењује савремене и рационалне поступке у пољопривреди пошто би га они, бар док се не би на њих привикао, терали да више ради. „Традиција” му је изговор што их не примењује.

Колико сам пута, обилазећи вашу земљу, видео у парлогу савршено обрадиве, понекад чак и изванредне површине покривене шипражјем и травом по којима, и то не увек, пасу овце и козе. Међутим, кад би се то земљиште обрадило или, ако је мочварно, исушило, давало би не само сву храну за стоку, већ доносило квинтале и квинтале жита, које бисте скупо продавали земљама према којима природа није тако дарежљива. Ево једног примера: Макиш, на самом улазу у Београд. Кад би се на њему извршила иригација и када би се заштитио браном од поплава, он би вам био не само пространи врт довољан да снабдева свим поврћем тржиште главног града, већ и житница непроцењиве вредности. Данас он пружа оскудну храну само изгладнелим свињама и мршавим кравама, често је неизвесно ловиште београдским ловцима и зборно место свим Циганима из Јаркова ради риболова на кош, по муљу.

Знам да ћете покушати да нађете оправдање

и да ћете рећи да брана и одводњавање скупо коштају. Истина је да у овај подухват треба уложити неки капитал. Међутим, зар не мислите да ћете новац који у то уложите брзо повратити и да ћете га удесетостручити? Земља би вам засигурно одатле извлачила већу корист него данас. И немојте ми говорити како немате новца потребног за извођење таквих радова од државног интереса. Трошите га на милионе за политичке „агитације" које не доносе добро, већ зло овој земљи. На исти тај недостатак полета у раду не наилазимо само на селу, наилазимо на њега и у граду, чак и у израженијој мери. Пре свега, зашто вам се села све више празне, а сеоска омладина, која сигурно не би била сувишна на селу, наваљује у градове да би ту потражила запослење? Сигурно не зато што их ваше село, које је, осим ретких изузетака, једно од најплоднијих и најненасељенијих у Европи, не би могло хранити. Не, она долази у град из два разлога: прво, данас многи млади људи сматрају понижавајућим да буду сељаци, па, желе да буду „чиновници" јер мисле, и у великој већини случајева с правом тако мисле, да ће им посао у својству чиновника бити лакши. Овакво стање духа, наравно, слабо погодује васпитању вредног особља у државним службама. И, заиста, лично искуство ми је показало да је половина ваших чиновника лоша и веома лења. Довољно је да уђете у пошту, где безбројне госпођице непрестано брбљају, поправљају шминку, а једва да се потруде, и то веома нељубазно, да удовоље народу којем би морале бити на располагању.

Треба ипак рећи да се код вас тај недостатак радне енергије објашњава на два начина. Најпре, под турском влашћу вам је и најжешћи рад мало користио. Од њега се богатио само ваш угњетач. Током векова навикли сте се да радите само онолико колико је неопходно. Затим, земља вам је тако плодна. Уз веома мало рада имате што вам је потребно за живот. Нисте хтели да радите више зато што би то користило само вашем тиранину. И тако, кроз дуге векове, навикли сте се да мало радите и још нисте успели да раскинете с том навиком, која у данашњим околностима, када сте постали велики народ који мора да има своју улогу у свету, није више допустива.

Дакле, у оно време сте мало радили како не бисте стварали богатство својим угњетачима. Најамбициознији су се задовољавали скромним благостањем. Нисте били лакоми. Данас су, иако релативно мало раде, многи од вас постали похлепни. Долазили су у додир са другим земљама пре Великог рата, а нарочито током њега. Видели су раскош великих западних градова и задивила их је видљива моћ новца, а нису увидели шта је у њој лажно. Када су се вратили кући, желели су да се по сваку цену обогате, али не великим и поштсним радом. Присетили су се својих некадашњих турских господара, па су кренули њиховим примером у корупцију. И тако се у ову земљу, која је некад била земља суште честитости, увукла одвратна корупција, о којој ћу касније дуже говорити јер је она заразила посебно оне међу вама који се охоло називају „интелигенцијом земље”. Тако сте обистинили Бизмаркове речи који је, када га је неко упитао за мишљење о српском народу током Берлинске конференције 1878. године, рекао: „Ако у Србији сретнете човека који носи кошуљу преко панталона, можете се у њега поуздати. То је честита и поштена људина. Ако, међутим, кошуљу упасује у панталоне, он постаје лопужа”.

Ви, који пред богатим и моћним угњетачем нисте хтели да га одбаците, сада губите тај понос пред богатством, пред новцем. Истина, некадашњи дух још постоји на селу, али у градовима царује новац. Колико сам пута гледао како се ваши најмоћнији људи клањају богатству? Милионер, који је за време рата мешао песак и брашно и испоручивао га војницима што су се борили и гинули за вашу слободу и кога је суд за то и осудио, данас је још богатији и свемоћан, а ви му ласкате. А према мени, некада богатом, који сам, поред будућности, жртвовао и то богатство, ваше вође односе се као према наметљивцу јер сам, ради вас, од себе начинио новог сиромаха. Ех, кад бих још имао оно богатство, скидали би ми шешир на удаљености од 500 метара!

Када вам је злато, током дугих векова ускраћивано, најзад постало доступно, сувише вас је опчинило, и због те опчињености изгубили сте многе веома племените особине које сте имали, а које, уосталом, још срећемо код људи којима је далек живот ваших „интелектуалних градова". Сматрам да је, код појединаца, нека карактерна особина нестала под туђим утицајима, само потиснута и она се поново може јавити. Оно што се дешава у појединцу мора се дешавати и у заједници. Зато сам убеђен да се ваше добре особине, које сте имали, поново могу исказати ако то искрено желите.

Једна од врлина која је код многих међу вама ишчезла јесте захвалност. Постојала је, то доказују ваша стара народна поезија и споменици које су оставили ваши преци. Данас се она склонила међу сиротињу. Она се сећа, она исказује, понекад на дирљив начин, своју захвалност.

Постали сте страшно незахвални. Тако ваш главни град, Београд, некада град-мученик, ни дан-данас нема ни најмањи крст, ни најмањи камен који би чувао сећање на жртву оних који су вас ослободили. Многи међу вама су веома богати и немилице троше да би се истакли и из забаве, али кад ваља показати захвалност према онима који су се жртвовали, ништа не дају, ама баш ништа. Ваше вође нису још, за ових десет година колико је прошло од завршетка рата, свечано обележиле ни један од оних великих догађаја којима дугујете слободу и величину земље. Јасно је, такве свечаности би биле незгодне већини ваших садашњих вођа зато што они, док вам је земља била у смртној опасности и кад се требало жртвовати, ништа нису учинили за њу, већ су се само бринули како да склоне на сигурно своју драгоцену личност, чак су неки искористили несрећу отаџбине да би се обогатили.

Шта сте учинили за своје ратне инвалиде? Од свих земаља које су учествовале у рату ваша се најгоре односи према њима. Док неколико стотина ваших бивших министара, саможивих политичких професионалаца, који, у већини случајева, ништа нису учинили за отаџбину, већ обилато напунили џепове, срећују себи исплаћивање „пензија” које вас коштају небројених милиона, инвалиди вам могу умирати од глади.

А шта је са војницима и официрима који нису штедели крв и здравље да бисте ви били слободни? Јесте ли поступали с њима како то они заслужују и како вам дужност налаже? Не! Многи, чак и најзаслужнији официри су пензионисани, а да им нисте нашли посао у цивилству који би њима и њиховим породицама обезбеђивао пристојан живот. Исто тако сте поступали и са војницима, а сву благонаклоност сачували сте за штићенике тренутних моћника.

Верне пријатеље из тешких дана ваше вође су, у знак захвалности, ћушиле ногом, а ви сте их пустили да то ураде. Тако их Србија, која их је имала много у току Великог рата, данас више нема или готово нема.

Безмало, рекло би се да управљачка класа ваше земље мрзи оне који су учинили услуге вашој отаџбини. У случају многих ваших садашњих моћника то се може објаснити чињеницом да су ти доброчинитељи ваше нације жив прекор онима који ништа нису дали својој земљи, већ су своју памет користили само да би себи пронашли лепо намештење и да би се обогатили. Но, зашто се други поводе за њима или им у најмању руку, дозвољавају да увредљивом незахвалношћу плаћају учињене услуге?

Да би се оправдали, када бих им то понекад замерио, рекли би ми говорећи о мени: „Па Вас сматрамо својим и тако с Вама поступамо”.

Пре свега, био вам онај који вам је учинио добро сународник или странац, дугујете му исту захвалност. Није ни часно ни племенито обасипати почастима странца, а лоше поступати са сународником. Међутим, ваши званичници, или они који би то хтели да буду, не одају почаст ни странцу. Они се или праве да не знају какве им је он услуге некад учинио или га вређају понижавајућим поступањем. Не односе се према њему чак ни као свом држављанину, како су ми одговорили, јер му, кад год нешто затражи од њих, кажу да он као странац нема шта да тражи. Али, ако ваши управљачи и њихова свита радо ћуше ногом оне који су се доказали као пријатељи ове нације, и то без вашег противљења, све своје осмехе задржавају за ваше непријатеље. Сам бог зна колико сте пропатили у току рата од Аустро-Угаро-Шваба, колико су вам јадну земљу они опустошили, опљачкали и на муке ударили, колико су вам најбоље браће и сестара, измрцварили и побили, зато што су били родољуби. А данас вас те исте Швабе, исти они некадашњи Аустро-Угари, преплављују производима и људима, а ви их дочекујете раширених руку. Хиљаде и хиљаде Немаца, Бечлија, чак и Будимпештанаца мирно долази да код вас стиче богатство, а ви им то допуштате. Представнике исте оне Немачке, која вам је била немилосрдан непријатељ и која ће то поново бити једног дана, слави „цвет" ваше престонице који се дичи да је савремен. И док ваши некадашњи џелати наилазе код вас на најлепши дочек, правите све могуће тешкоће припадницима народа који су показали делотворно пријатељство у вашој несрећи. Моји сународници, Швајцарци, који су према вама били прави самарићани за време Великог рата, тешку муку муче да би код вас добили само дозволу за рад. А читава швајцарска колонија у Краљевини СХС има само 160 чланова, док је број ваших сународника који слободно зарађују хлеб у Швајцарској 20 пута већи. Потпуно разумем да најпре желите да обезбедите хлеб сународницима, али пре него што натерате врло малобројне пријатеље да осете колико је нужна и жестока борба за живот, почните да то примењујете на хиљадама бивших непријатеља које никада нећете успети да преобратите у пријатеље.

Бије вас глас да сте ксенофоби. Прави српски народ то није. Обазрив је према странцу, а та обазривост понекад иде до подозривости. Није ни чудо кад су вас током дугих векова искоришћавали страни угњетачи. Та обазривост, па чак и подозривост нису мане, није то ксенофобија. Међутим, они међу вама који би хтели да се сматрају владајућом класом јесу ксенофоби и, што је још горе, ксенофобија им није последица претераног национализма, већ накарадне зависти.

Љубоморни су на од себе образованије, отменије и напредније странце. Неподношљиво им је кад морају признати да су ти људи изнад њих. Онда их мрзе, презиру, па ако им се не исплати да их отерају, изналазе све могуће начине да их прогоне. Ипак би им разум морао рећи да нације, на пример, француске нације или швајцарског народа — одавно слободних народа који су слободно могли да се развијају

— нужно морају да буду напредније од народа који је имао несрећу да га вековима угњетава окрутни тиранин. Тек од пре неколико деценија Србија се могла развијати релативно слободно, а уистину је слободна тек од Великог рата. Сви који је познају радо одају признање великом труду који је она уложила у развој откако је то могла да чини. С правом на то може да буде поносна, али, разумљиво, не може очекивати да се, радом од неколико деценија, изједначи са прегнућем које је вековима изискивано од земаља старих култура.

Уосталом, оно што зовемо културом није све што чини вредност неког народа. Природна морална својства имају у процењивању те вредности у најмању руку подједнаку улогу. Елем, српски народ има морална својства која надмашују морална својства многих других народа. Иако мање просвећен, могао је, дакле, да претендује на неко достојанствено место. Нажалост, рђавим схватањем положаја своје земље, а то погрешно схватање изазива њена охола и неповерљива уображеност, владајућа класа ради на обарању тих моралних врлина српског народа дајући му лош пример.

Та љубомора касте зване „интелигенција" српског народа не исказује се само према странцима већ и према сународницима. „Отмено друштво" тако не дозвољава неком свом члану да се издигне изнад просека. Свим средствима настоји да препречи пут ономе ко се осмели и пожели да иступи из његових редова. Ако је, пак, немоћно да га у томе спречи, прогониће га сплеткама, чак и клетвама. Стога прави интелектуалци ове земље, а има их, и то много, не успевају у Србији, па обесхрабрени напуштају борбу. Зато и најзначајнија места у администрацији и другде најчешће заузимају медиокритети, чак и људи без икакве вредности. Зато вам је и политички кадар кукаван.

И поред свега завист није својствена српском народу. Он је амбициозан, а храбар народ и треба да буде амбициозан, али није љубоморан. Љубомора је тековина оног изрођеног дела становништва, дела који чини „интелигенцију", како се она неоправдано назива.

Љубомора је узрок једне друге мане:

недостатка мере, претеривања. Та мана се исказује у укусима, не у раду. Истина је да се са радом у Србији не претерује! Желите да се изједначите с другима, чак и да их надмашите, а претерујете подражавајући их. Погледајте своје жене на улицама. Нису то више људска лица, то су вештачке, жестоко обојене маске. Лондонски и париски кројачи лансирају моду широких панталона. Да их не би прогласили „ситним провинцијалцима”, ваши младићи се одмах унакарађују правим смешним сукњама. Ваша интелигенција ропски прати сва застрањивања и све глупости такозваног савременог живота, и у томе још претерује, било то у моди, сликарству, вајарству, спорту итд. Ти људи не увиђају да просто постају смешни у настојању да достигну и престигну друге како би задовољили своју завист. Потпуно губе из вида да ће одећа скројена за неког А веома лоше стајати неком Б, и обрнуто.

Љубомора ваше „интелигенције” се добро слаже са зачуђујућом површношћу. Људи виде само спољни сјај, а садржајем се не баве. Труде се да достигну тај вештачки сјај. Неки пут у томе успеју, јер је ваша нација интелигентна и врло надарена, али тај вештачки сјај брзо тамни пошто га не одржава права снага, која долази изнутра. Површност се показује свуда, како у обичном, тако и у интелектуалном животу. На пример: видели сте у иностранству, у Француској, Швајцарској, Енглеској, лепе и добро одржаване хотеле. Желите да идете њиховим стопама. Подижете зграде где камен замењујете штуком, богати намештај од тврдог дрвета фурнираним тричаријама из Беча. Лепо то изгледа док је сасвим ново, али убрзо, будући да ви ни своје зграде лошег квалитета ни безвредни намештај не одржавате као што то чини швајцарски, француски или енглески хотелијер са својим хотелом подигнутим од доброг материјала и намештајем доброг квалитета, спољашњост и унутрашњост вашег хотела постаје једноставно бедна. Или, опет: да не би изгледали инфериорнији од цивилизованих нација, ваши „интелектуалци” купују за велике паре некакву научну опрему. Они се неће знати њоме служити или ће је препустити рђању услед неодржавања. Ваше

Министарство унутрашњих дела има „Техничку службу”, коју сам ја својевремено основао са намером да је мало-помало оспособим да вам буде од велике користи. Пошто више нисам могао да подносим свакојака злостављања, натерали су ме службеници и руководиоци тог Министарства, да напустим то место; заменио ме је интелигентан човек који је од образовања имао два или три разреда гимназије и подофицирску школу. Он је потрошио много новца да би купио у Паризу и другим местима одличне инструменте и уређаје, а не зна њима да се служи нити зна чему служе. Ставио их је у застакљене ормаре и од њих направио изложбу некоришћених уређаја. То га не спречава да трчи на све конгресе и да тамо приповеда како у служби којом је задужен да руководи, а не руководи пошто је за то неспособан, има толико најпознатијих апарата. Није то спречило ни ваше Министарство унутрашњих дела да тој служби, иако му је савршено позната неспособност њеног шефа, годишње додељује значајан кредит за такве детињарије. Због тога их треба окривити.

Површно је и научно и универзитетско

образовање већине ваших правника који долазе са овдашњег Универзитета. Зар ви заиста мислите да напамет научена скраћена умножена предавања, без похађања наставе (у унутрашњости су или обављају неки посао) могу да замене живу реч доброг професора? Зар вредност универзитетске наставе није баш у томе што професор, наравно прави професор, преноси свој начин размишљања, свој начин разматрања проблема на ученике? Конкретне чињенице које професор излаже могу да се нађу у хиљадама књига, али начин на који их он обрађује и објашњава јесте јединствен и не може се заменити књигама. Када студент положи испит, он практично ништа не зна. Њега ће изградити сама пракса, и то под условом да га је професор научио на који начин да сагледава ствари. Ако он то не зна зато што није искористио утицај свога универзитетског професора, он не вреди више од било ког човека који је напамет научио параграфе из књига. Кад ступи у администрацију, он може постати само лош чиновник.

Та површност вас наводи да прецењујете

дипломе, бар своје, јер често из зависти нећете да признате стране дипломе. Уосталом, шта доказује универзитетска диплома? Као што сам већ рекао, ништа друго него да њен власник може покушати, ако је интелигентан и вредан, да кроз праксу постане неко и нешто у струци. И зато, као што сам већ рекао, потребно је да непосредно прима поуку неког доброг професора. Дипломе стечене испитима положеним тако што су за ту прилику напамет научени параграфи из књига ништа не вреде. Много, малтене већина, диплома стечених на Правном факултету вашег Београдског универзитета такве су врсте. Међутим, и те дипломе отварају врата сваке службе. Свеједно вам је да ли неки кандидат за неко место у судској, полицијској итд. администрацији заиста влада предметом тог радног места и да ли је способан да ваљано обавља свој посао. Довољно вам је да он има диплому и... да је правилно политички обојен, о чему ћу касније говорити. Ви, дакле, на положаје високих полицијских чиновника желите да примите само кандидате који имају диплому правника, често безвредну универзитетску диплому. Зашто ту диплому? Она у полицији није баш неопходна јер се оних неколико параграфа које треба знати лако учи кроз свакодневно вршење дужности. А оно што се не учи на правним факултетима и што је полицајцу преко потребно јесте: техничко познавање заната, интелигенција, марљивост, љубав према послу, морална храброст, интуиција, посебна проницљивост, храброст и поштење. Човек који све то има постаће одличан полицајац и ако нема (право) универзитетско образовање. За полицијску службу универзитетско образовање никако није довољно, осим ако није правно. Та служба, и то до највиших положаја, треба да буде доступна сваком паметном, вредном и часном човеку који има онај неопходни дар. Вашим људима из полиције са дипломом углавном недостају таленат, марљивост и, што је најгоре, често и поштење.

Ваш човек из народа, сељак, неискварен утицајем професионалних политичара, није подмитљив. „Интелигенција” вам то јесте, и то од најситнијег чиновника са или без дипломе до министра. Нисам лично познавао вашу земљу пре светског рата, али су ми посматрачи којима потпуно верујем тврдили да су вам чиновници били много мање подмитљиви него сада. Истина је да имате и оправдање: вишевековна представа турске источњачке подмитљивости. То оправдање међутим, није довољно да би се опростило претерано раширено мито, које често поприма све облике отимачине. У току рата сам веровао да је онај бугарски министар на неколико месеци који је за то кратко време постао милионер нека бугарска специјалност и да су ваши министри сувишс вслики родољуби да би се богатили на рачун државе и злоупотребом положаја. Био сам наиван и увидео сам да нема разлике између министра на „ов”, „ев” и неког на „ић”. Осим неколико ретких изузетака, гледао сам како безбројне ваше екселенције од сиромашних, чак бедних људи постају милионери. Хоћете ли примере? Навешћу вам неке најтипичније.

Господин Стојадиновић, интелигентан човек, који није учествовао у рату упркос младости и добром здрављу, постао је министар финансија. Као такав, он одлучује о судбини ваших облигација ратне штете, чија је номинална вредност од 1.000 динара пала на 50 и мање зато што држава није плаћала камату. Он је по незнатној цени покуповао огромне количине тог папира и, када га је за себе доста згрнуо, он, министар, објављује да ће се камате исплатити. Истог часа облигација се пење на 250 динара и више, господин министар је постао мултимилионер.

Господин Вукићевић је био обичан професор провинцијске гимназије. Пошто је постао политичар и председник Владе, данас поседује две велике зграде у Београду, а сам бог зна колико кошта плац и подизање таквих зграда у главном граду. Лазар Марковић је син врло сиромашног поштара. Током школовања помагали су га неки имућнији грађани. Господин посланик и бивши министар Марковић данас је врло богат, плаћа станарину 12.000 динара месечно и нехајно увече губи хиљаде динара на коцки. Божа Максимовић, нипошто богат као ни жена му, постаје посланик и министар. Одједном постаје богаташ, а његова жена сада искључиво у Паризу купује хаљине, намештај и скупе ситнице за стан. А шта рећи о Пашићу који је врло скромног порекла? Истина, венчао се са женом која му је донела нешто новца. Постао је један од најбогатијих људи у земљи? А Велизар Јанковић? Зар верујете да је само од посланичке и министарске плате могао да постане трули богаташ какав је данас? Но, доста је било примера, могли бисмо их набрајати у бескрај. Прилично је мучно о томе говорити, јер су ти људи личним богаћењем показали да је њихова брига за општу ствар била само средство да би се докопали новца.

Ове непријатне примере су, међутим, следили сви чиновници од врха до дна лествице. Пословни људи, страни индустријалци и посредници, који долазе у ову земљу да би успоставили пословне везе и улагали капитал у овдашња предузећа то знају и, ако желе нешто да ураде, принуђени су да дају мито, а то се увек прихвата. Могао бих вам навести примере за то, и то многе, али мислим да то није потребно, јер их и сами довољно знате. Министри, генерални директори, руководиоци служби итд. — сви они једу тај хлеб који људи од части и достојанства не би ни пробали.

Је ли вас потребно подсећати да вагони робе често и не полазе ако их не покрене свежањ новчаница које дајете шефу станице или вишем чиновнику надлежном за одговарајућу службу? А да се предмети на царини и код полицијског комесара одуговлаче ако нема подстрека у виду бакшиша?

Све је то врло ружно и, мада се само мањина одаје тој срамној навици, срозава цео ваш народ у очима сваког честитог човека. Када се суди о понашању ситног чиновништва, може се и наћи олакшавајућих околности у чињеници да је тако слабо плаћено да је, ради преживљавања, принуђено да потражи и додатне приходе. За ваше министре, људе из политике итд. међутим, нема олакшавајућих околности. Они стичу богатства тим нечасним путем, а на то их наводи само љубав према новцу или таштина и охолост како би могли раскошно да живе и тиме потисну у заборав своје скромно порекло.

Размотримо сада посебно неке делове вашег народа и почнимо анализом онога што ви зовете својом интелигенцијом о којој сам већ у више наврата говорио.

О ИНТЕЛИГЕНЦИЈИ

Дуго ваш народ, иначе тако бистар, није могао да задовољава жеђ за „знањем” или због тешког јарма који вас је притискао, или због недостатка материјалних средстава јер је у ропству које сте трпели само ретким изузецима било могућно да зараде довољно новца и плате луксуз да пошаљу децу у иностранство, што је у то време био једини начин да се стекну темељнија знања из науке, уметности, књижевности, технике итд. То се променило отприлике у последњој четвртини прошлог века. Ослобођена турске власти, земља почиње да се развија на комерцијалном плану. Све више српских младића одлази у иностранство да се напаја из извора знања која код куће нису налазили. Међутим, још није било великог богатства. Држава је често, путем стипендија, плаћала трошкове тог научног образовања. Стога су материјалне могућности српских студената у иностранству најчешће биле скромне, врло скромне. Ти млади људи су били принуђени да у најкраћем временском року преузму и науче оно најнеопходније. Учили су, упијали, понекад и без стварног разумевања, знање које се предавало младежи друкчијој од њих и чија је предност била дуга научна традиција, што је недостајало младим Србима. Неки најдаровитији, Слободан Јовановић, Скерлић и други, ипак су успели, захваљујући изврсним личним способностима и изванредној интелигенцији, да усвоје и садржај и његов дух. Међутим, код многих других знање је остајало књишко и није се спајало са духом.

Штавише, принуђен да много учи како би што брже усвојио неопходна знања, српски студент у иностранству није имао времена да посматра чак ни живот земље у којој је студирао, а такво посматрање је један велики извор опште културе. Оно мало слободног времена које му је дозвољавало студирање, проводио је са земљацима. Суштинска природа земље у којој је тренутно живео остајала му је непозната и он је од свега тога запажао само површне појаве. Наравно, у свакој земљи има и доброг и лошег, а људска природа је тако саздана да на њу лош пример снажније делује него добар. Зато су ваши српски студенти, поред усвојених стручних знања, у своју земљу донели углавном оно лоше из страних земаља које су походили. Они нису схватили нити су могли да схвате да је оно што су запамтили само безначајна случајност и да не познају суштину земље у којој су боравили. Укратко, враћали су се у земљу са извесним научним пртљагом, али је њихове природне способности, наслеђене од своје лозе, мање или више нагрдило оно лоше што су видели, а што није ублажено оним добрим које нису ни опазили.

То је био корен деформисаности ваше „интелигенције”. Кад људи из града стекну неко благостање и дођу у додир са профињенијим животом, већ по правилу су склони да себе сматрају вишим од људи са села, који живе једноставно и патријархално. Било је још много горе са вашим младим људима по повратку из иностранства. Себе су сматрали супериорним. Презирно су називали друге — оне који нису имали универзитетску диплому или неки сличан папир — сељацима. А себи су давали онај смешни заједнички назив „интелигенција". Ти људи сиромашног духа не увиђају да се истинска интелигенција не стиче само студијама, па чак ни оним највишим. Истинска интелигенција је природан дар и проистиче и из духа и из срца. Обични сељак може да буде сто пута интелигентнији од универзитетског професора са пола туцета диплома.

Они који су остали у земљи и похађали Универзитет у Београду, где су предавали некадашњи стипендисти у иностранству, брзо су пошли тим примером. Жалосна последица тога била је што је све више младих гурано на студије, што је било најнепотребније пољопривредној земљи каква је Србија, уместо да су од њих стварани пољопривредници зналци свог посла и веште занатлије који би могли да прерасту у индустријалце. Уместо да све више развија основну и пољопривредне школе, сваки градић је добио „гимназију", а школовање на универзитету је било бесплатно, што није случај ни у најдемократскијим земљама попут моје Швајцарске.

Интелигенција је постајала све гордија и код ње су се све више губила она лепа својства вашег народа. Пре Великог рата је ипак чувала неке обзире. Још није била заразила омладину, па је чак и универзитетска омладина, будући чланови „интелигенције”, још била родољубива. Многи млади студенти су у време битака око Челопека ступали у чете Бабунског и других. Морални ниво интелигенције је, међутим, све више опадао. Зато је најпреча брига интелигенције, када је букнуо Велики рат, била да на сигурно смести своје припаднике. Истина, има и много изузетака, али они који су се издавали за духовне вође нације, по правилу, нису били тамо где им је било место по улози коју су себи приписивали: на челу наоружаног народа, да буду први који ће се жртвовати. Ако не би успели да избегну служење у војсци, копали би и рукама и ногама како би се склонили у позадину или било какву комисију у иностранству. Много, премного универзитетлија, „интелектуалаца” —

често резервних официра — било је у рововима у Женеви, Паризу, Лондону и другим местима. Зар Гролови, Лазари Марковићи, Белићи, Радоњићи, Боже Марковићи итд. нису схватили да губе морални углед код сваког човека поштена срца коме је познато да њихови вршњаци истих година, док они лагодно живе у Швајцарској, Француској, Енглеској, херојски умиру бранећи отаџбину на бојном пољу, на негостољубивим планинама Македоније и Албаније? Да би се оправдали, говорили су да ће њихова памет бити потребна Србији послс рата како би се обновило оно што рат буде уништио, па да ради тога добро чувају свој живот у скровишту. Рђав изговор. Ко је био превелика кукавица да остане са својим народом док је у опасности и да се с њим жртвује ако буде потребно, нема оног неопходног утицаја у томе народу када опасност прође. Прави народ добро осећа да онај који ништа није дао за отаџбину нема никаква права на њу.

Многи имућни људи су следили пример „интелигенције", ако не ради себе, оно бар ради синова стасалих за пушку. Колико је снажних младића претрпавало швајцарске, француске и енглеске универзитете уместо да са својим исписницима буде у рововима. Они су чинили будућу послератну „интелигенцију” коју је требало сачувати за отаџбину! Најчувенији забушант међу том будућом интелигенцијом био је Пашићев син Раде. Он је био права срамота за српску земљу, а то је остао и после рата. Зар не би било много лепше, чак и ради успомене на оца да, уместо полицијског досијеа, син најпознатијег српског државника има обичну камену плочу са натписом: *Раде Пашић, погинуо на бојном пољу?*

Већ сам рекао да је међу интелектуалцима било многобројних изузетака. Лично сам познавао неколико чланова Универзитета који су испунили своју дужност, и то у потпуности. Многи се нису вратили. Лекари, који су такође интелектуалци, често прави, скоро листом су дали све од себе и смрт их је знатно проредила. Они су пружили леп пример. Гимназијски професори су исто тако имали много својих међу борцима, сразмерно много више него они који су морали да дају најсјајнији пример: Универзитет. Међутим, сви ти „интелектуалци”, адвокати и судије, на пример, који су били у редовима бранилаца отаџбине, нису се превише дичили припадношћу „интелигенцији”. Једноставно, звали су се родољубима. Надувена „интелигенција” се током рата истицала кукавичлуком, а, што је још горе, неки интелектуалци су искористили недаће свог народа за лично богаћење.

У другим земљама, и пријатељским и непријатељским, „интелигенција” се одлично жртвовала на бојном пољу или се, ако није била способна да носи оружје, сатирала на помоћним ратним пословима. „Интелигенција” Србије скоро ништа није учинила за своју земљу и једина јој је брига била да своје драгоцене чланове склони на сигурно. Одговарате ми да су ваши „интелектуалци” бринули о младима у избеглиштву, да су се бавили пропагандом итд. Ма немојте! Ваше универзитетске професоре је држава добро плаћала за тај посао и током избеглиштва. А само се неколико средњошколских професора посветило васпитању ваше избегле деце.

„Главешине” Универзитета су шетале с једне школске прославе на другу да би тамо на речима величали јуначко жртвовање ваших војника, жртвовање које нису хтели да деле, а које им је служило као властити пиједестал. А њихов пропагандни рад? Неке досадне књиге, и то бројне, лишене искрености, пошто њихови творци нису учествовали у оном натчовечанском подвигу који су хтели да величају пред савезницима и неутралним земљама, књиге које су, уосталом, мало или нимало читали они којима су биле намењене. Ко би се у то јуначко време мучио да чита, на пример, Белићеву *Македонију*, књигу која садржи малтене само филолошке и лингвистичке расправе? Деловање Лазара Марковића у Женеви било је, истина, успешније. Његов лист *Србија* био је добро уређен и извршио је добру пропаганду у неким савезничким и неутралним срединама. Међутим, током његовог боравка код нас у Швајцарској, после повлачења преко Албаније, читаоци тог листа, пријатељи Србије, често су ми постављали питање: зашто Марковић, који тако патриотски пише у свом листу, а који је млад и здрав, није са својим вршњацима у рововима да брани отаџбину?

Мада је садржај књига интелектуалаца из те интелигенције слабо читан, они су из тога извукли највећу личну корист. Та писанија су им послужила да себи придају значај пред колегама из земаља у које су избегли. Издавали су се за представнике просвећене Србије. Као такве су их свуда примали, тетошили, одликовали итд. Зар није смешно и чак скандалозно видети крст Легије части на грудима професора забушаната „за њихове ратпе заслуге", док га нема на грудима најсрчанијих и најјуначнијих војника? Лазар Марковић и дан-данас у иностранству важи за једног од најистакнутијих личности Краљевине СХС зато што је сасвим спокојно и у потпуној заветрини радио у рововима Женеве док је српски народ преживљавао најтеже дане.

Не само да вам је „интелигенција" добро искористила жртвовање и одрицање народа већ је захваљујући пажњи и почастима којима су је обасипали а које су биле намењене храбрим браниоцима Србије — што је није спречавало да их прима на свој рачун — постала још много гордија, надувенија и завидљивија него пре рата.

Вративши се у отаџбину после победе, у којој нису учествовали, ваши интелектуалци су тежили да управљају свим пословима. Сељаци, *лес селијакс*, њима нису ништа значили иако су чинили огромну већину у Србији, а војници, творци победе, за њих су били „простаци”, добри да млате непријатеља и гину, и ни за шта друго.

Они који су ратовали и крвљу платили вашу слободу тада су били уморни. Уз то, у свом идеализму, који их је одржавао у најцрнијим данима искушења, веровали су у људску доброту и захвалност. Одморна, захваљујући забушавању током рата, „интелигенција” је искористила тај умор оних који су градили величину своје земље. Делила је и сплеткарила уз подршку великог контингента себи сличних пореклом из ослобођених крајева с оне стране Саве и Дунава. Тада је наступило бесрамно грабљење важних и уносних положаја и распојасани плес милиона предвођен „интелигенцијом”.

Интелигенција је успела у том подухвату

погубном по земљу. Истинске вредности српских земаља, посебно оне којима ваша земља све дугује, истиснуте су. Интелигенција љубоморно пази да нове и поштене снаге не прокрче себи пут. Чим неку открије, удара је по глави док не утоне у блато. Интелигенција вам се бацила слепо у страначку политику, за коју је знала да ће бити диктатор земље. Колико се универзитетских професора и других интелектуалаца не кандидује на свим изборима? „Интелигенција", којој не недостаје искривљена памет упркос претварању и сервилном опонашању сваке лоше „модерне" тековине елите са старијом културом савршено увиђа да не успева да се изједначи с њом зато што она има и стари фонд стварних вредности које ова не познаје. Зато из дна душе и из свег срца завиди свим образованим странцима. Сматра да је понижена и због тог понижења свети се странцима који живе у вашој земљи. То је одвратна ксенофобија, јер у њеној основи није неко родољубиво осећање, већ ружно и малоумно самољубље. Ако и није препоручљива, ксенофобија се у неким случајевима може опростити, и то онда када проистиче из страха за добро отаџбине. Ако је изазива искључиво егоистична завист, као што је то случај са вашом интелигенцијом, онда је мрска и малоумна.

Наравно, пошто је воде ниска осећања, „интелигенција” клечи пред новцем. Што више новца има неко, ма колико га нечасно стекао, то га она више уважава и истовремено му завиди. Краљ-новац господари вашом интелигенцијом. По њој, човек све себи може дозволити под условом да има много новчаница у џепу. Част је непозната вредност на берзи „интелигенције”. Частан човек се сматра глупаком, а цени се само онај који лукавством уме да окрене догађаје у своју корист. Природно је да родољубље не иде уз таква осећања. Стога та лепа врлина сасвим недостаје вашој „интелигенцији”. Оно што она у згодној прилици хоће да подметне као родољубље само је обична завист према другима. Многи припадници „интелигенције” би хладно жртвовали слободу, и опстанак своје земље, ако би то њима лично било од користи.

Као и сва неморална бића, и интелигенција се диви сили, чак и када се највише злоупотребљава.

То јy је навело да се, после рата, скоро одмах помири са најгорим непријатељима своје земље, са Немцима. Само десет година после последњег топовског пуцња, њих примају као повлашћене. То је разлог и што се интелигенција, која се није борила за своју земљу, најжешће окомљава на Италијане, које сматра слабим — међутим, могла би да се превари. Није јој довољно оно што су борци својим јунаштвом донели земљи. Жели и делове додељене Италији. Не жели их она међутим, из родољубља, већ из мегаломаније и зависти.

Овим поводом, пријатељи Срби, треба да вам отворено кажем своје мишљење у вези са спором који вас удаљује од Италије. Одмах ћу вам рећи да га сматрам глупим и штетним по вашу земљу. Пре свега, Италија и Краљевина СХС су суседи један другом. Италија има све оно што вама недостаје, а ваша земља оно што недостаје Италији. Ове две земље се допуњују и, пошто су суседне, размена је веома лака. Међутим, оне су једна другој потребне и из још једног разлога. Вама је заједнички непријатељ, упркос корацима које данас чини, био и остао човек са севера —

Немац. Верујте, ништа он није заборавио. Чим поново постане довољно снажан, ујединиће се са Аустријом, и удружени ће настојати да поврате оно шта су изгубили. Њихов први реваншистички поход биће према југу, према Трсту и Тиролу. Тада ћете и ви бити угрожени као и Италијани. Они неће сами издржати, баш као ни ви ако сами поднесете тај удар. Са Италијанима ћете га издржати. Не верујте обмањивачима који вам говоре и непрестано понављају како је Италијан слаб војник и да ћете га лако савладати. Када се упореди са јунацима са Кајмакчалана, Италијан из Великог рата можда није увек био на висини задатка, али не заборавите да је армија хероја од 1912. до 1918. мртва, а да је младеж, која ће морати да образује нове браниоце ваше слободе, веома заражена лошим примерима. Немојте заборавити ни да је италијанска војска у Великом рату била млада и да је предводио корумпирани политички кадар. Великом патриотском снагом она је данас преуређена. Дух је у Италији промењен. Древни Рим је био велики освајач захваљујући узорној војсци. Историја се понавља. Зашто

Мусолинијева италијанска армија не би била вредна колико и она стара Цезарова.

У новим подручјима додељеним Италији после заједничке победе има Словенаца и Далматинаца, који су вам браћа по крви. Полазећи од те чињенице, неки ваши земљаци, а највише их је међу онима који су се борили за Аустроугарску, попују како би та подручја требало да припадну вашој земљи. По том принципу међутим, известан део ваше територије исто тако треба да припадне другима пошто и он обухвата стране елементе. Не, данас више није могућно поставити гранични камен неке земље тамо где живи последњи њен изданак. Због услова савременог живота долази до размене становништва, нарочито на границама, што ствара мешавину поданика на обе стране границе. Способност неке земље јесте у томе да користи то гранично мешано становништво и гради везе са суседном земљом. Зар становништво из области Нице није било и још није најбоља веза између Француске и Италије? Задовољите се оним што су вам стекли славно изгинули на Јадру и Церу, Руднику и Колубари, Кајмакчалану и Коти 1212, на Редуту, Добром пољу, острву Виду и Добруџи. Краљевски је то комад, вредан жртава којих је коштао. Допустите јунацима који су с оне стране границе да постану добри Италијани и да истовремено остану веза између ваше две земље.

Но, да се вратимо „интелигенцији", сејачици раздора када треба сједињавати. Та интелигенција би, да је то права интелигенција, морала да буде на челу оних чији је задатак да обнове земљу после година искушења, требало би да она складно уређује сарадњу са вашом браћом након што су ослобођена захваљујући вашим ратним жртвама и да усмери земљу на пут напретка, што би било лако са тако бистрим народом и богатом земљом каква је ваша. Њено је било и да бди како се ваши обичаји и добре особине, што је чинило вашу снагу, не би изгубили. Шта је она међутим, стварно учинила? Уништила је и срозала све оно добро што сте имали. Баш захваљујући њој све ређе се наилази на онај једноставни, а ипак веома узвишен дух који је омогућио вашем народу да остане нетакнут упркос вековном угњетавању. Интелигенција вам је деловала попут буђи. Заразила је све што је с њом дошло у додир. Та трулеж већ захвата и село. Ваше кршне сељанке већ знају за шминкање и свилене чарапе. Припазите док не буде прекасно!

Уместо да делује позитивно, ваша интелигенција је деловала негативно. Уместо да гради, она је разграђивала. Она је жариште трулежи и искварености, од чега толико трпите. Ако јој допустите да настави, земља вам је изгубљена. Почистите кућу, пометите све охоле и штетне марионете. Немојте да вас засене људи који у суштини немају никакву вредност, али чији је лош пример неизмерно опасан по духовно здравље вашег народа. Не клањајте се више новцу до земље. Новац не доноси ни срећу ни углед. Може се он поштено зарадити и, ако га власник користи да би чинио добра дела око себе, поштујте таквог човека због његовог рада и због начина на који он користи стечено богатство. То је добар пример младима. Новац међутим, може да буде и нечасно стечен и, нажалост, то је данас веома чест случај. Будите горди пред тим нечасно стеченим богатством. Немојте правити нагодбе с њим тако што ћете ласкати његовом власнику. Не пружајте руку милионеру који је стекао милионе мешањем песка са брашном намењеним вашим војницима који су се борили за отаџбину. И немојте мислити да такво ваше одбијање неће бити делотворно. Ујешће то човека више него што мислите, а то ће бити добар пример младима и они ће увидети да се белег који оставља нечасно стечени новац не може избрисати са руке непоштена човека.

Да видимо какви су политичари, од којих су многи из редова интелигенције и на које се, према томе, односи све што сам управо рекао.

О ПОЛИТИЧАРИМА

Ваша средњовековна историја и јунаштво стварали су од вас ратнички народ све док сте били слободни. Хајдуци су у доба робовања наставили ту традицију. Затим долази ослобађање под Карађорђем, и борба до коначног ослобођења. Када је то постигао, ваш народ је, толико навикнут на борбу, ако не би имао спорова са спољним светом, покушавао да унутар земље задовољи ту борбеност. За то је нашао начина у политици и одао јој се душом и телом. Међутим, по старом обичају ратника да се боре за врховног вођу, унутрашња политика је за вас била странчарење, то јест везивање за судбину неке личности, вође или групе. Све док су вас спољни непријатељи остављали на миру, своје борбене потребе сте задовољавали свађама политичких странака. Чим би се непријатељ појавио на граници, заборавили бисте међубратске спорове и сви бисте се супротставили спољној опасности. Били сте и остали борци и ето зашто сте још и данас огорчене политичке присталице које се не боре за идеје већ за личности, присталице које постају родољуби тек у тренутку спољне опасности. Сетите се ратова од 1912. до 1913. и рата 1914. Када је одјекнуло звоно за узбуну, да ли сте и даље били радикали, самосталци, либерали или неки други партијаши? Не, били сте само Срби, и као такви сте величанствено извршили своју дужност.

Ваш народ је, дакле, велики љубитељ политичких или, боље речено, страначких свађа. Док су страначке вође и њихови штабови још били родољуби — а, судећи по свему ономе што сам прочитао и чуо, у то време су заиста били — зло још није било нарочито велико. Истина, то није погодовало брзом и мирном развоју. Уосталом, после дуготрајног робовања какво је било ваше, није се могло тражити од народа који је тек повратио слободу да буде мудар као људи који су дуго живели у њој. Уз то, ваша тек васкрсла држава је узимала за пример политичке системе већ прилично деформисане чак и у земљама веома старе и континуиране културе. Најзад, родољубље је код страначких вођа било још довољно делотворно и спречавало их је да свесно раде против интереса земље.

То се међутим, мало-помало мења. Са све надмоћнијим ступањем на власт интелигенције, појављују се људи који схватају каква се лична корист може извући из ваше склоности за страначку политику. Они стварају занимање од искоришћавања ваше страначке политике, па сада имате професионалне политичаре који на томе зарађују за живот. Ма, шта ја говорим — они згрћу богатство. Ако сте пре рата и имали политичара који су, у свом већ странчарењем искривљеном духовном склопу, имали у виду само оно што су сматрали добрим за земљу, парламент вам је већ био преплављен људима који су само тражили личну корист у тим политичким страстима. Трка за министарским положајима је била почела! Ваша Скупштина већ није била израз народне воље. Тако су, током пожара 1914. године, који ће касније постати светски, уместо да дају пример народу како се жртвује за отаџбину, што им је била дужност, ваши млади посланици, кроз уста типичног посланика-профитера Велизара Јанковића, резервног официра, испословали да се хитно изгласа закон којим се посланици ослобађају од вршења своје дужности.

Скупштина ваше земље, једне од најјуначнијих у том великом ратном обрачуну, стварала је парламент јединствен у својој врсти међу свим земљама учесницама у рату — парламент забушаната. Неки посланици, њих врло мало, побунили су се против онога што су, с правом, сматрали срамотом за Србију. Они ће се придружити онима који су се борили. Ти родољуби су били Алекса Жујовић и Драговић, а ниједан није припадао интелигенцији.

А какву су улогу одиграли ваши забушанти из Скупштине за време рата? Да ли су бар покушали да ублаже недостатак храбрости и родољубља обављањем неког корисног посла искључиво за добро земље и забораве приватне и презира достојне страначке интересе? Нису!

Што је рат дуже трајао, то су они поново зап=дали у страначке сваће. Најпре у Нишу, затим на Крфу, приредили су свету кукавну представу отимања политичара о министарске фотеље док им је отаџбина крварила из свих вена и док им војници херојски умиру на бојном пољу. Био сам на Крфу марта 1918. и три седмице сам гледао како вам се политичари жестоко боре за власт изазивајући министарске кризе једну за другом. Згадио сам се и стидео се за на бојном пољу неукаљано српско име.

И ти чудновати посланици-забушанти једне ратничке и јуначке нације сматрали су да острво Крф није довољно удобно — а можда и недовољно сигурно — за тако значајне људе попут њих. Копали су и рукама и ногама да се Скупштина са Крфа премести у Кан, где би, онако добро плаћени као што су били, могли да воде још много лепши живот. Да, Скупштина је била потпуно бескорисна, бар после повлачења преко Албаније, када је непријатељ заузео целу Србију. Ако су, ради угледа, желели да је одрже по сваку цену, место јој није било на Крфу, већ у бомбардованом Битољу. Нисам се устручавао да то кажем вашим политичарима на Крфу у марту 1918. „Па, Битољ је под непријатељском ватром и Скупштина би била бомбардована”, говорили су ми ти политичари. „Па, шта?”, одговорио сам им, „војници су вам тамо иако се град бомбардује. Наравно, вероватно ће бити густо. Неки од вас ће тамо можда погинути као што гину и војници. Није то међутим, већа несрећа од погибије бораца. Напротив, живот неког некорисног посланика данас је мање вредан од живота најобичнијег војника”. Разумљиво, те им се речи, а биле су истините, нису много свиделе, баш као што је министар Велизар Јанковић био непријатно изненађен када сам му рекао да је њему, српском младићу десет година млађем од мене, странца, место у рову, а не у салонима хотела „Велика Британија” на Крфу.

А ваши политичари-странчари избегли су у Женеву, Париз, Ницу, Лондон итд!? Рат и невоље властите земље ничему их нису научили. Наставили су страначке сваће у земљама у којима су нашли уточиште. Својим домаћинима су тако кукавно приказивали како се браћа међусобно раздиру. Истина је да политичари нису придобили симпатије за српски народ, већ војници и сељаци који су радије гинули него повијали главу пред нападачем. Када сам се, после повлачења преко Албаније и пре придруживања војсци на Солунском фронту, такорећи даноноћно борио за вас, и сам сам морао да трпим због њихових сплетки и кукавичлука. У ствари, мене, који ништа нисам знао о вашим страначким борбама, позвала је влада са почетка рата да помогнем вашем народу, влада којом је председавао Пашић. То је било довољно политичарима-забушантима из странака супротстављених Пашићу да ме прогласе „радикалом", човеком кога треба тући и најподмуклијим оружјем. Они су то чинили, па су смислили и такву грозоту да ме поткажу савезницима као шпијуна који ради за централне силе, и то мене који сам све жртвовао за ваш народ! Срећом, савезници су били сигурни у мене. Дали су ми тај срамни документ да га чувам у архиви као доказ људске злобе и незахвалности. Било ми је тешко, веома тешко када сам увидео да су људи из народа којем сам све жртвовао способни за такав злочин, али ми није ни падало на памет да због тога окривим цео народ. Прогутао сам ту горку пилулу, прећутао сам и ипак наставио да се жртвујем за вас јер сте ви браћа мојих величанствених другова са фронта. Сада знате шта ме је у току целог живота највише заболело, а исто тако знате да су ми ту бол нанели ваши страначки политичари.

Управо су ваши страначки политичари, не бих рекао смислили, већ прекомерно искористили и чувен случај око „Црне руке” на Солунском фронту. Та афера није била тако озбиљна, јер ја данас више не верујем у онај наводни атентат на принца регента Александра. Данас сам убеђен да су сваки делић тог атентата измислили ваши политичари. Случај се морао разрешити између наводних завереника и војних руководилаца. У то време сам предложио вашем вођи, тада принцу регенту, да позове окривљене и да им одржи следећи говор: „Припадали сте тајном удружењу које се бавило политиком и које је хтело да наметне своје ставове народу. Ви знате да је то противно закону и да се ви, војници, не смете бавити политиком. Морали бисте да будете кажњени, али смо у страшним борбама. Поред тога, знам да ви волите отаџбину. У овом трагичном тренутку по нашу земљу, ја нећу да сами осуђујемо припаднике војске на којој почива сва наша нада. Желимо да заборавимо вашу грешку, али ви идете на прву линију, храбро се борите за ову земљу која вам опрашта, а ако треба, и жртвујете се за њу". Принц Александар је био вољан да тако поступи, али су га политичари убедили да су угрожене све слободе српског народа и да треба препустити „правди", њиховој „правди", да слободно делује. План им је био тако добро изведен да сам и ја у једном тренутку поверовао да земљи прети велика опасност од „завереника". Касније сам међутим, увидео да је „Црна рука" била само родољубива реакција против диктатуре политичких странака и да су се оне браниле врло сумњивим средствима. У Женеви су човека који је био, можда, најнесебичнији и најискренији пријатељ савезницима потказали као шпијуна, у Солуну су наложили да се осуде храбри официри ратници због завере против безбедности државе и против владаревог живота. То су поступци ваших страначких политичара!

Треба ли вас подсећати да се ти политичари-странчари нису задовољавали тиме што ће склонити себе, већ су искористили свој утицај да склоне сву своју породицу и пријатеље?

Чим се рат завршио, ваши политичари су појурили да поново приграбе власт и управљање пословима. Ни на памет им није пало да би прве редове требало препустити онима који су се жртвовали за отаџбину. Напротив, свим могућим средствима су настојали да са значајних положаја уклоне све ветеране. Ови су, пак, још били превише уморни од натчовечанских напора које су уложили, па су им то допустили. Елем, политичари више нису знали ни за какве границе својих себичних амбиција. Био је то плес министарских портфеља, који су доносили богатство онима који би их се дочепали. Најбољи начин да брзо постанеш богат јесте да постанеш министар!

Од рата до данас (1928), видео сам најмање педесетак министара и, с ретким изузецима, сви ти министри су се обогатили. Као што сам већ рекао, својевремено се причало како је бугарски краљ Фердинанд, да би га придобио, једног значајног политичара поставио за министра на шест месеци, што је поменутом политичару било довољно да купи лепу вилу у једној од најлепших софијских улица. Код вас је међутим, драги моји српски пријатељи, сада још горе. Погледајте какво је право краљевско имање ваш министар Нинчић стекао. Погледајте му куће у граду! Зар заиста верујете да је све то плаћено штедњом од иметка који је Нинчић имао пре рата и од министарске плате? А баснословно богатство Стојадиновића, бившег министра финансија, сина честитог човека без икаквог богатства? А Божа Максимовић, пре рата само ситни сиромашни намештеник који је без завршених студија? Да ли је ону лепу кућу вредну неколико милиона и онај накит и друге бескорисне стварчице које је његова жена накуповала у Паризу платио својим новцем кад тог новца није ни било? Пашић, коме је бављење политиком већ било много донело, после рата је постао један од најбогатијих људи у Краљевини.

А поп Јањић и сви остали с ове и оне стране Саве и Дунава?

Не, ти политичари су искористили свој положај да би се лично обогатили, понекад и нимало поштеним средствима. Тиме су показали да је њима политика само средство за брзо стицање великог новца.

Не користе међутим, само политичари-министри политику да би се обогатили, већ и обични политичари-посланици следе њихов пример. Међу њима бесни најсрамнија корупција, а одатле је захватила функционере који зависе од политичара. Могао бих вам навести десетине мени познатих случајева поткупљивања посланика, министара и високих функционера митом чији износ превазилази милион. Често би ми се то згадило и жалио сам ваш народ што му је судбина у таквим рукама.

Понекад би се јавно мњење ипак узнемирило видевши неке случајеве најочигледније корупције. Тада би ваши политичари-странчари основали скупштинске анкетне комисије, које никада нису дале неки резултат зато што вукови не једу једни друге. Разне политичке странке су се силно међусобно вређале ради властите рекламе, али су се добро чувале да не забразде дубоко пошто су добро знале да корупција није апанажа једне странке него свих. Ваши политичари-странчари су, дакле, мирно могли и даље да се богате на рачун појединаца и државе. И грабили су обема рукама. Зар је чудно што је тај лош пример и некажњавање подмићивача и подмићених снажно деловао на службенике свих нивоа? Ја тако не мислим и сада ми је сасвим природно што индустријалац или трговац, који жели да вагон са његовом робом крене, мора да да позамашно мито шефу станице, што парничар који жели да убрза поступак мора да подмаже писара и што онај који мисли да добије пасош за путовање у иностранство, или странац који би да добије боравишну дозволу, мора да увуче неколико новчаница међу документа која предаје полицији. Јасно је да нимало не служи на част вашој земљи, али ти потчињени службеници само следе пример који добијају одозго. И тим људима би се могло још много лакше опростити него вашим политичарима и другима. Оправдање им је мала плата, јер ви врло слабо плаћате потчињене службенике, чак и оне више. Насупрот томе, посланици вам имају веома добре плате, а често примају и пензије као „бивши министри”. Они немају оправдања.

Тако су вам политичари исквварили земљу. Свуда су ми ваши старији људи причали како је у њихово време повериоцу била довољна само реч онога који узима новац у зајам и да чак није тражио ни признаницу јер је знао да дату реч сви поштују. Данас често ни најпрописније издата признаница више није довољна. Дужник ће понекад покушати да се извуче и најнечаснијим средствима. Обичаји професионалних политичара прво искорењују врлине српског тла. А, на несрећу, политичари су вам свемоћни. Политика се меша у све и свуда управља. Укаже ли се неко место у власти, било оно важно или осредње, свеједно, о избору не одлучују заслуге кандидата, већ политичке везе. Може он бити и највећи незналица, најнечаснији човек, ако је „штићеник” политичара-странчара странке на власти, победиће и човека најквалификованијег и у стручном и у моралном погледу. Када се неки кандидат пријави на конкурс за неко место у министарству, не питају га: „Шта знаш? Шта си радио досад? Шта си радио када је отаџбина била у опасности?", не, питају га: „У којој си странци? Који посланик те препоручује?" Последице оваквог начина рада су погубне за земљу. Функционери су вам, по правилу, најгорег квалитета. Често нису ни способни да обављају посао који се тражи од места које заузимају. Онај који ме је заменио на положају који сам ја створио и за који се тражи најозбиљније знање и искуство био је човек са само два или три разреда гимназије и подофицирском школом. Као млад ученик, покушао је да похађа трговачку школу, али је избачен после месец дана због потпуне неспособности. Ни дан-данас он појма нема ни о најосновнијим стварима. Ваши политичари-странчари су се, ипак, усудили да поставе тог човека на то веома одговорно место пошто је био кум једног тадашњег моћника и пошто је у новчанику имао чланске карте двеју политичких странака: радикалне и демократске. Као што није ни могло бити друкчије, стално је чинио правосудне грешке, осуђивао невине, а ослобађао криве.

Наравно, ваши политичари-странчари желе да међу чиновницима имају само људе из своје странке. Чиновник мора да буде њихов бирач, и захваљујући утицају и моћи којом располаже, мора му донети и гласове својих потчињених. Његово знање, поштење и прошлост немају никакву улогу ако политичар-посланик или министар сматра да му може бити од користи. Посебно добро познајем вашу полицију јер сам, на своју несрећу, неко време сарађивао с њом. У полицију су вам политичари поставили људе кажњаване због крађе и других злодела. Ваши полицајци су, посебно у јужној Србији, крали од народа и отимали новац. Пријавио сам то вашим властима, али ти полицајци-злочинци, који су истовремено били и странчари, нису били кажњени, а мене су толико извређали да сам био принуђен да поднесем оставку. Истина је да међу вашим полицајцима има и честитих људи, врло честитих и квалификованих, и од њих би се могла створити веома добра и веома поштена полиција. Ти добри полицајци међутим, немају никаквог утицаја у вашем Министарству унутрашњих дела. Тамо газдују партијци, често врло непоштени, Степићи и њему слични. То је лоше, и то вам уназађује народ, који, као уосталом и свуда, следи пример оних горе.

Ваши политичари, а већина их никада ништа није учинила за вашу земљу, не воле оне који имају заслуга за вашу отаџбину. Боје их се јер су им они живи прекор. Због тога настоје да их истисну из свега, и из војске и са функционерских положаја. Кад им се укаже прилика, покушавају чак да их срозају у очима јавности. Опасна је то игра јер ће једног дана ваш народ помести све те партијске политичаре и вратити оне који су се доказали.

Ваши политичари се грчевито држе парламентарног система пошто им он, застарео и труо, најбоље служи личним амбицијама. Наравно, ако би се данас применио парламентаризам какав је био замишљен пре век и по, било би то нешто друго. Изворни парламентаризам је било народно представништво где је посланик заступао вољу групе бирача, и то целу групу, а не само оне који су му дали глас. Био је дужан да служи свима, а не само групи са посебним интересима.

Да се разјаснимо. Посланик је, дакле, човек кога шаљу грађани неког краја као свог опуномоћеника да расправља са опуномоћеницима из других крајева земље о средствима погодним да се заједница учини што срећнијом и, у оквиру те заједнице, и подручје које заступа. Он је добио овлашћење општим гласањем. Истина, нису за њега сви гласали, али је имао већину, што је одлучило о његовом избору. После избора, он је опуномоћеник свих бирача свог краја и, као такав, мора да штити интересе свих, а не само оних који су му дали глас. Он сме да има само једног шефа који му наређује: тај шеф му је властита савест. Дужност му је да веома озбиљно проучава сва постављена питања и сва предложена решења. Када му је понуђено решење у складу са убеђењем, он треба да гласа за њега, а ако га, с друге стране, његово убеђење осуђује, треба да гласа против. Ако прихвата налоге других, он издаје своје пуномоћје.

Да ли се тако догађа сада у свим парламентима, посебно у вашем, а ти парламенти, наводно, заступају вољу целог једног народа? Ни најмање. Већ од почетка савременог парламентаризма, посланици су се груписали према свом поимању дужности и потребама државе. Те групације су образовале политичке странке које ниједан Устав — а Устав је основа државе — не познаје. У почетку су присталице тих група или политичких странака улазиле у њих јер су им се погледи у вези са јавним животом заиста слагали са погледима осталих чланова групације. Ипак је, од самог почетка, било и оних других који су се везивали за одређену странку из себичног рачуна. Парламентаризам је трајао и мењао се како је расла хомогенизација у државама, како су интереси укупног становништва постајали све више заједнички и како су се, тиме, програми различитих политичких група приближавали. Постао је ужасно себичан, па је сада одбрана властитих интереса пречa од одбране интереса читаве државе. Парламентаризам је истовремено постао одскочна даска амбициозним људима који би да стигну до високих положаја. Пошто се не могу попети главним степеништем, да би успели, користе помоћно и пролазе кроз кухињу, па у салон.

Сви парламентарци, или скоро сви, данас припадају политичким странкама, па су оне постале крајње моћне. Оне су пре свега завеле гвоздену дисциплину у своје чланство како би га добро држале у шакама. Ни један једини посланик, који припада некој странци, не сме да гласа онако како му налаже савест. Глас му одређује странка, а странка има у виду само једно: да се одржи на власти ако је има, или да до ње дође ако је нема. Ниједан министар не може да изврши неку реформу коју сматра неопходном ако му то не одобри странка. Странка има председника, који, често, има много више стварне власти од самог шефа државе. Будући да се програми многих странака, а већина народа их не зна, данас приближавају једни другима толико да се разликују само по неким појединостима, борба између странака се изрaђа, а поврх свега, и у борбу личности (вођа). Вође су заштићене неком врстом извршног одбора и клуба у којем су сви посланици исте боје. Они на ове увек имају велики утицај, али те институције скривају пред земљом њихову личну власт. То су приватне творевине без одговорности, које, уосталом, Устав и не познаје, оне налажу посланицима како да гласају и управљају радом министара. Ти клубови су прави „совјети” у земљи која, с правом, не жели да призна и следи Совјетску Републику, бившу Русију. Вође политичких странака су постали прави диктатори, али уместо једнога њихова земља их има колико има и политичких странака.

Последица свега тога је да се о законима итд. не расправља и не гласа у парламентима следећи потребе држава и нација, већ интересе политичких странака. Није потребно указивати какву опасност то представља. По изванредном природном богатству, виталности и снази становништва — а не „интелигенције” — што је дошло до изражаја у дешавањима у Великом рату, Краљевина СХС би данас морала да буде, ако не на челу целе Европе, бар на челу западног дела овог континента. Због борби политичких странака сада је једна од најслабијих.

Ако парламентаризам настави овако, а наставиће, он великим корацима јури у пропаст, а са собом ће повући и државе којима би требало да служи. Ако се процени да га треба задржати, а не заменити неком новом институцијом боље прилагођеном савременим захтевима, биће га потребно суштински реформисати, а посланицима вратити првобитну дужност: да буду само гласноговорници целокупног становништва једне области чији се највиши интереси стапају са интересима читаве националне заједнице; да не буду ни у чијој другој служби већ у служби сопствене савести.

Сматрам међутим, да је немогуће обновити тако трулу установу каква је парламентаризам. То је старац нагрижен болештинама. Ваља га заменити неком новом и чистом снагом из оног здравог дела нације. Надметање међу народима ће бити све страшније како се увећава становништво и не дозвољава самозаваравање утопијама од којих су се многе лоше показале. Тако је пропао и онај „велики принцип општег права гласа". Била је то веома лепа замисао, али је његова примена показала да оно не постоји и да не може постојати. Погледајте шта се дешава код вас и како се спроводе избори. Или кандидати плаћају пиће, деле новац и обећавају брда и долине када постану посланици, или пак полиција силом, хапшењем и свим другим облицима злостављања намеће званичног кандидата владајуће странке. И то се назива „општим правом гласа"! Каква срамота!

Три четвртине становништва тражи само могућност мирног живота и да има оно најнеопходније за живот. Њих ни најмање не занима политика и само траже да се земљом добро управља. Свеједно им је да ли ће та власт бити диктатура или било шта друго под условом да им се допусти да мирно зарађују за живот. Ипак, стало им је до заставе, која симболизује јединство земље, а та застава код вас јесте краљ. Они не траже ништа више, а гади им се циганско погађање ваших политичара.

Данас-сутра ћете сигурно избацити све своје посланике-странчаре и парламент заменити нечим прилагођенијим савременом животу и мање корумпираним. Живот савремене државе може да се упореди са животом великог модерног индустријског предузећа. Да би живела, савремена држава мора да извози како би имала новца да купује од других оно што нема а што јој је неопходно. Стога се мора организовати као и свако индустријско предузеће. Као и оно, она мора да има директоре, а то су министри, генерални директор је њен шеф државе, а административни савет сада представља парламент, али га лоше представља пошто су парламентарци сувише бројни да би могли делотворно да раде — искуство је, наиме, показало да се мање ради ако више људи учествује у неком послу.

Имаћемо, дакле, редуциран „управни одбор”, који ће заменити покојну Скупштину, од, рецимо, 25 чланова. Ваши директори, бивши министри, биће стручњаци у својој области, бавиће се само њоме и неће се мешати у страначку политику. Они ће бити први функционери у свом ресору и, као и у индустрији, ако буду способни и не учине нешто што пада под удар закона, остаће на том месту док им то године дозвољавају или док не поднесу оставку из личних разлога. Биће то, дакле, крај оној „министарској одговорности” коју би било боље назвати „одговорношћу политичких странака”. Биће то крај и оном лудилу измишљања министара када поп постаје министар саобраћаја како би покретао локомотиве уз помоћ свете Марије и гурао вагоне заједно са светим Духом, или, пак, лекар-дентиста министар пошта како би лечио зупце изнад вињета на поштанским маркама. Министар саобраћаја ће бити инжењер железнице, министар финансија банкар, пољопривреде пољопривредни стручњак, а не неки адвокатић који о томе нема појма, али је зато велики странчар. Смањићете број министарстава, који је невероватно увећан како би се странчарима створили велики приходи и моћан положај. Ова мера ће одмах зауставити трку за портфељима, што је сада главна преокупација ваших политичара-странчара.

Када министру-директору буде потребан закон да би добро управљао граном делатности земље која му је поверена, он ће израдити предлог и предати га „административном савету", који можете назвати како хоћете: државни савет, сенат итд. Ако предлог прихвати већина у савету, краљ ће потписати декрет о његовој примени, а одговарајући министар ће тај закон применити. Ако неки делови још не буду дорађени, савет ће вратити предлог дотичном министру да унесе потребне поправке. Ако се процени да је потпуно непримењив министар ће урадити други предлог. Међутим, ако одбор одбије неки закон, то никако неће бити разлог за смењивање министра.

Питате ме ко ће бити у том савету? Одговорићу: најбоље главе нације које су, истовремено, поштени родољуби. Тај савет треба да чине представници свих делатности у земљи: сељак, радник, газда, индустријалац, занатлија послодавац, представник слободних професија, научни радник, банкар, трговац, војник итд. Ако у међувремену не почине нешто што пада под удар закона, ти људи ће бити изабрани до старосне границе ако, из овог или оног разлога, пре тога не поднесу оставку. Оне који досегну старосну границу, умру или поднесу оставку замењују други из исте гране делатности. Ради предлагања „саветника", у сваком срезу земље — садашњи срез приближно одговара департману у Француској или кантону у Швајцарској — успоставља се представничко тело за сваку делатност која улази у „административни савет". На пример, умре „занатлија" из савета. Представници или делегати занатлија сваког среза тада предлажу кандидата који може да буде и често ће бити један за више срезова. Чланови савета ће, водећи рачуна о напоменама које о предлогу истог кандидата да више срезова, приступити избору једног од предложених кандидата гласањем простом већином.

Таквим начином представљања и бирања убићете оно страшно зло какво је за вашу земљу страначка политика и странчарење. Но, још једном кажем, пазите да тај савет нема више од 25 чланова ако желите да он делује, и то да делује за читаву земљу, а не за интересе неких.

Знам да ћете, читајући ово што вам предлажем, повикати: „Па, ово је антидемократски, ово је диктатура итд!" Јадни моји пријатељи, зар заиста мислите да је садашњи парламентаризам демократски? Мислите ли да је диктатура партија демократска? Зар мислите да је циљ већине парламентараца да што је могуће више стави новца у свој џеп и у џеп својих саучесника демократски? Ако сте искрени према себи, ви добро осећате да се реч „демократија" изузетно злоупотребљава. Истинска демократија јесте да сваки грађанин слободно може да развија своју делатност, под условом да она не штети заједници, и да тако зарађује довољно за достојанствен живот. Казао сам „слободно" и молим вас да не бркате, како се то данас обично чини, слободу и распуштеност. И слобода има границе, па кад се оне пређу, запада се у распуштеност, која је у блиској сродности са анархијом.

Такву истинску демократију ће сигурно много боље обезбеђивати савет од 25 најмудријих људи нације, него Скупштина коју је напунило 300 неких лудака, скоројевића, мутивода, себичњака и подмићивача, за које је почетак и крај демократије у њиховој личности.

Међу вашим политичарима које сам упознао било је људи који су могли да буду велики државници да су заиста били родољуби без рачуна, предани општем добру и храбри. Најбољи пример за то је Никола Пашић. Тај човек је, јавно признајем, много учинио за вашу земљу. Сигурно је један од оних ваших државника који су највише учинили. Међутим, он је то учинио зато што су му се лични интереси поклапали са интересима земље. Да су му интереси били супротни, он би своју велику интелигенцију — у великом делу саткану од лукавства и спонтане интуиције — користио против вас. Погледајте, син обичних и сиромашних сељака оставља једно од највећих богатстава у овој земљи. Елем, човек који се преда само општој ствари, а Пашић је током целог живота био само политичар, и коме је на памети само та општа ствар не богати се, напротив — он жртвује и оно што је могао имати. Борба за неку идеју, идеал кошта. Знам нешто о томе. Одбрана вас коштала ме је свега што сам имао: богатства, положаја, будућности. Рећи ћете ми да је жена Пашићу донела леп мираз. Шта је међутим, тај мираз у поређењу са оним што је он оставио после смрти? Сламчица и ништа више. Да је Пашић заиста био велики и поштен човек, како би неки хтели да га представе, после њега би нашли само женин мираз, а било би чудно да и он буде потпун јер су Пашић и, поготово, његови живели на високој нози, а дугови сина, које је отац плаћао, сигурно су надмашили мираз госпође Пашић. Уз то, заиста велики човек се гнуша дружења са покварењацима. Он у свом окружењу тражи људе који су му морално слични, значи поштене и несебичне људе попут себе. А Пашићево окружење?! Људи сиромашна духа, али корумпирани. Профитери и мутиводе којима је дозвољавао да се богате под условом да служе његовим интересима. Па она невероватна Пашићева слабост према недостојном сину... За време рата Пашић га је, а већ је знао за изопаченост свог потомка, склонио под изговором непостојеће болести. Човек који је на положају политичког вође једне државе у рату морао је одржати сину следеће слово: „Ти си ми син јединац. Место ти је међу онима који прсима бране земљу која ми је поверила своје интересе. Кажеш да си болестан. Није важно, чак и да си на самрти, мораш да будеш међу бранитељима отаџбине. Иди и изврши своју дужност! Ако то не учиниш одричем те се и никада те више нећу видети!" Међутим, уместо да му одржи то слово, Никола Пашић је допустио сину да банчи по Паризу и да на Крфу својом раскошном лимузином прегази српске јунаке који су се избавили из непријатељских планина Албаније. Пашић је био реалиста и мислио је да су сви људи као он. Тако, када му је један заједнички пријатељ приговорио што је лоше поступио према мени, одговорио му је: „Па, шта хоће тај човек? Три пута сам му нудио новац, а он је одбио?" У том одговору се садржи сав менталитет тог државника који ми је 1917. године рекао: „Не можете да нас напустите, потребни сте нам. Знам да је то за вас огромна жртва. Жртвујте све! Нећете зажалити. После рата ништа нећемо моћи да вам одбијемо." А када су ме интриге и прљавштине забушаната из Министарства унутрашњих дела — и то мене који сам све своје поклонио вашој земљи — принудиле да поднесем оставку и тако изгубим скромну плату, исти тај Пашић је одбио да ме прими. Истина је, по ономе што је учинио за вашу земљу — из рачуна или не — Пашић је био велики човек, али је имао врло мало срца.

Стари Пашић је послужио као пример вашим данашњим политичарима-странчарима. Они су се обликовали према њему. Створио је те безобзирне политичаре, профитере који државу често сматрају кравом музаром чијим се млеком хране. Лично је он успоставио тај систем заснован на незахвалности који је толико зла нанео и наноси вашој земљи. Ваши државници више заиста не знају за захвалност, једну од највећих врлина сваког народа. Ево, у ово време (1928), ви такорећи више немате пријатеља у свету. Имали сте их много, и то најутицајнијих, током рата, посебно у почетку. Међутим, ваше Министарство спољних послова, ваша „Жута кућа”, чија је брига била да негује пријатељства, само би ћушило те пријатеље ногом чим би помислило да му више нису потребни. То је довело до тога да ти људи прво изгубе занимање за Краљевину СХС, а онда се, привучени њиховом предусретљивошћу, окрену вашим непријатељима. Да сте у време недавних потешкоћа са Италијом још имали њихову наклоност, Италијани се никада не би усудили да ураде оно што су урадили.

Ваши политичари-странчари су учинили, ако се ово настави као сада, да поново изгубите земљу старе српске културе, Македонију или како се то данас каже, Јужну Србију, коју сте повратили жртвовањем најбољих синова отаџбине. Када је српска војска — и то само војска — ослободила ту колевку Србије, нашла је тамо земљу у којој је скоро сваки камен заиста био пун сећања на некадашњу српску величину, али је тамо затекла и становништво које је због претрпљеног дуговековног угњетавања постало национално безлично. То становништво је тражило само једно: да најзад слободно и у потпуној сигурности зарађује хлеб. Нација која би јој учинила то доброчинство за десет година би га асимиловала, па макар била и кинеска. На сву срећу ослободила су га браћа. Војска је извршила задатак у потпуности. Остало је сада на влади, политичарима и посланицима да изврше свој задатак и да ренационализују ту поново нађену браћу која су заборавила своју националност. У чему се састојао тај задатак?

Напросто, у следећем: да мудрим управљањем, које би вршили најбољи чиновници, покажу да је становницима Јужне Србије предност што су поново са својом браћом, да те исте становнике наведу да поново заволе пронађену отаџбину откривајући им све оно што је лепо и обједињавајуће у тој заједничкој отаџбини.

Шта су међутим, урадили, ваши политичари? Управо супротно. Послали су у Јужну Србију све оно најгоре међу чиновницима, безобразнике и лопове. Поврх свега, они нису ни покушали да од Македонаца начине Србе или Југословене, како се сада каже, већ су од њих хтели да створе присталице политичких странака. Лепили су на леђа тих људи, који су тражили само мир, етикете радикала, демократа итд. и у ту земљу, која им је морала да буде света, пренели своје одвратне страначке борбе. Није им било много важно да ли су ти нови чланови искрени и да ли је њихово ступање у странку само ујдурма националног непријатеља. Биле су им потребне њихове „куглице”. Македонци су људи као и други и сигурно су паметни као и људи из Старе Србије. Они су зато схватили игру ваших политичара, врло прљаву игру, па се у њима зачео велики презир према вама. У сваком значајнијем крају Јужне Србије ваши партијци су, уместо да окупљају то становништво око националне заставе у неком „народном дому", подигли најлепше зграде „радикалског" и „демократског клуба", па тако унели и у ту искупљену земљу не слогу, већ неслогу.

Треба ли се онда чудити што људи из Јужне Србије нису научили да воле ту земљу која је била њихова и која је поново морала да буде њихова? Не треба, зар не? И заиста, већина Македонаца вас не воли и не може да вас воли. Били су, истина, близу тога 1918. године, пошто су искусили бугарску власт за време окупације. Ваши политичари су међутим, све покварили. Пошто нису нашли код Срба оно што су желели, сада многи Македонци то траже на другом месту, бугарска пропаганда је вешто истурила паролу о аутономији Македоније, завела их том идејом, па би хтели да је остваре. Пошто је време учинило своје и донело заборав, неки и сада верују да им једино Бугарска може донети миран и спокојан живот за којим су жудели толике године. Због тога деловање бугарских комита не налази само наклоност код многих, већ и помоћ, што омогућава Протогеровим разбојницима да и сада успешно дејствују у тој земљи.

Нису вам тако политичари-странчари само отуђили наклоност браће из Јужне Србије него су омогућили да се поново отвори македонско питање на међународном плану. Као што добро знате, тако су бугарска пропаганда, али и вама супротстављени интереси, стекли симпатије за бугарску Македонију у многим великим земљама: у Енглеској, поготово у Америци, али донекле и у Француској. Букнули су балкански ратови, па, још жешће, светски рат, у којем је Бугарска у табору непријатељском савезницима Антанте. После победе Нејски мир поново додељује Јужну Србију Србији јер савезници, из пристојности, нису могли да поступе другачије. Прихвата се, дакле, да македонско питање више не постоји, али уз обећање да ће се пратити развој ситуације и да ће првом приликом то поново доћи на дневни ред. Да вам је влада поступала како треба и да је у потпуности асимиловала то становништво тако да деловање споља не би више деловало на њега, 10 година после рата жељена прилика за интервенцијом била би коначно изгубљена. Међутим, како сам то већ показао, ваши страначки политичари су спречили ту асимилацију, па вам бугарофили из Енглеске, Америке и других земаља кажу: „Током ових десет година сте показали да сте неспособни да асимилујете македонски живаљ, за који тврдите да је ваш. Тиме сте доказали да то није истина и да он није ваш. Вратите ту земљу онима који су Македонцима права браћа, вратите их Бугарима.” Ваши политичари су тако поново опасно отворили македонско питање, па ћете, можда, захваљујући њима бити принуђени да се још једном борите за Јужну Србију, а богзна да ли бисте победоносно могли да издржите тај нови удар будући да су вам ти исти политичари отуђили пријатеље.

Ево још једне појединости врло својствене вашим политичарима-станчарима, коју, уосталом, обично срећемо код људи уздигнутих на положај који им не припада. Када стигну до министарског положаја, ваши политичари постају толико охоли да је то скоро смешно. Мерило да је неко прави државник јесте да он никада не пропушта да буде пристојан према свима. Елем, кад постану министри, наклоношћу свог клуба или совјета, ваши политичари-странчари сматрају да не морају да буду пристојни ни према коме осим према онима који имају много новца. Они остављају најзаслужније људе да сатима чекају у предсобљу и често их посредством шефова кабинета отправљају под изговором да су претрпани послом. Истакнути странци, чије би пријатељство било врло корисно вашој земљи који су се помучили да посете ваше руководиоце, често нису били ни примљени, па су због тога понели у своју земљу лоше мишљење о вашим људима и то мишљење нису скривали. Многи ваши дипломатски неуспеси последица су нељубазности и онога „баш ме брига” руководилаца из „Жуте куће”. Чиновници, наравно, опонашају руководиоце и сасвим заборављају да су они ту ради народа, а не народ ради њих. Скоро свуда по јавним службама влада тај непријатни дух по угледу на високе руководиоце, министре, и то још наглашенији. Било то пошта, полиција или онај фамозни „Биро за штампу” Министарства спољних послова — где би ванредна љубазност морала да буде строго обавезна — свуда људи наилазе само на чиновнике који сматрају да је пристојно и предусретљиво понашање са људима понижавајуће.

Ето, драги моји српски пријатељи, то је мала скица ваших политичара какве сам их ја видео откако сам у вашој земљи. Она није потпуна, далеко од тога, али ово што сам рекао је довољно да схватите остало. Уз „интелигенцију”, и политичари су узрок што вам је држава у нимало задовољавајућем стању. Њихов пример делује на народ. Стари, поштовани и честити обичаји се све више губе и уступају место побеснелом самољубљу, разузданом снобизму и све већем неморалу. Крајње је време да се томе стане украј и да се помете то ђубре које најпре понижава ваш народ да би га затим и уништило. Не дозвољавајте више да вам политичари-странчари сматрају отаџбину кравом око које се цењкају попут Цигана. Избаците све те профитере и интересе своје земље поверите најмудријим, најпоштенијим и држави најоданијим људима из ваше нације.

Најзад, мораћу да вам говорим и о онима које је рђав пример ваше „интелигенције" и политичара-странчара најжешће заразио. Мораћу да вам говорим и о омладини.

О ОМЛАДИНИ

Причали су ми, а у то су ме увериле и чињенице које је историја потврдила, да је ваша омладина пре Великог рата била веома родољубива. И тада се радо укључивала у борбе политичких странака, али је то било много мање ради стварања неке материјалне користи него из жеље за борбом и младалачке ратоборности, код неких чак и искреног убеђења. Ондашњој омладини је, ипак, отаџбина била изнад свега, па, када би се нашла у опасности, прекинула би све расправе и сједињена придружила се браниоцима земље. Управо су код те омладине наишле на најдубљи одјек оне племените, али у то време још, изгледа, неоствaрљиве идеје. Зато се и идеја о уједињењу све браће у једну слободну земљу нарочито неговала међу младима. Идеја о ослобађању Јужне Србије од турског јарма толико је одушевила омладину да су млади сељаци, студенти, занатлије итд. ступали у четничке редове да јуначки гину од стоструко јачих турских снага. А када је у јесен 1912. одјекнуло звоно на узбуну и позвало нацију у крсташки рат против старог угњетача, није било младића способног за пушку који се није одазвао позиву. Иако је смрт страшно косила њене редове, омладина је била пресрећна јер је назирала ослобођење Македоније, те древне српске земље. Није имала времена да се одмори после те победе. Последњих дана јула 1914. Аустроугарска је напала њену земљу, а из тога је произашао светски рат, најстрашнији рат икада виђен на Земљи, који је трајао четири дуге године, током којих је Србија доживела све — и највећу славу, и највеће патње. Сувишно је наводити појединости, знате их. Био сам верни пратилац ваше војске све време српског страдања и видео сам како ваша тадашња омладина умире. Ох, како је она знала да мре! Можда су ме то њено скоро мистично одушевљење, њена безгранична оданост и скоро божанско умирање највише везали за вашу земљу. Мислио сам и још и данас мислим, кад видим колико је данашња омладина другачија од оне претходне, да је нација која је могла да створи толико јунака нација која не може да пропадне. Једино ме та помисао и то сећање охрабре када сам на ивици да изгубим наду у вашу отаџбину гледајући оне политичаре профитере и вашу „савремену" омладину.

Баш је савремена ваша омладина када се, ташта и испразна, шета „корзоом" главнога града или када се, попут црнца у делиријуму, тресе и увија у плесним дворанама, када су вам младићи у оделима по последњој моди, очију скривених иза наочара по амерички широког руба, а девојке, нашминкане и намачкарене, у хаљинама које су скупље што мање тканине изискују, када покушавају да одрже равнотежу на превисоким штапићима које им замењују потпетице на ципелама. Тротоар и читава улица припада младима и они без икаквог стида гурају старог господина који је, можда, много учинио за њихову земљу, сиромаха који није умео да извуче корист као други и који жури, жури на посао како би могао да донесе нешто хране гладној деци, или инвалида који је жртвовао ногу како би они слободно могли да уживају у животу. Они презиру те „глупаке” који нису умели да избегну рат и који, чак, нису умели да извуку корист из победе. Они желе да „живе свој живот”, али не желе да се жртвују за друге. Шта им значи будућност земље кад они више неће бити ту?!

Опасан ветар вам захвата омладину и гаси онај прочишћавајући родољубиви пламен. За већину ваше садашње омладине родољубље се састоји од неке врсте зависти пуне мржње. Завиде земљама које су богатије или моћније од њихове и том понижавајућем осећању накарадно дају оно лепо име родољубље. Истинско родољубље међутим, код ње нема ни одјека. Одавати почаст изгинулима, сећати се њиховог жртвовања и трудити се да им будеш сличан, па који би савремени младић или девојка био толико глуп да то учини? Онда више не би могли да мисле на себе, морали би да признају да немају никаквих заслуга, а да их старији имају много. Таман посла, није савремени младић тражио да дође на овај свет. Створен је вољом и ради задовољства старијих, а животом мора да плаћа ту вољу и то задовољство. Ништа им он не дугује, већ су они који су га донели на ову земљу дужни да му обезбеде средства за живот без много брига. Другим речима, савремени младић сматра да није његово да обезбеђује живот држави, него да је држава дужна да њему прибави све како би он могао да води што је могуће пријатнији живот. За њега је држава права крава музара.

Отуда и она јурњава младих за функцијама. Сви би да буду чиновници, и младићи и девојке. Видите, млади оба пола јако добро знају да сада у вашој земљи није потребно никакво знање или способност да би неко постао чиновник, потребно је само да га погура неки посланик, министар или утицајни политичар-странчар. За ове су чиновници кадрови њихове бирачке војске и свеједно им је да ли они ваљано обављају посао за који их плаћа држава. Њима је стало да они раде као њихови изборни агенти. Међутим, број чиновничких места се до крајности увећао. Природно, пошто је оптерећење државе постало превелико, она даје чиновницима смешно мале плате, недовољне за живот, који је постао врло скуп. Онда чиновници покушавају да то надокнаде стварањем оног понижавајућег обичаја подмићивања, ако већ не могу да директно узимају из касе коју им је држава поверила. А политичари — који су се побринули за та места — допуштају да се то чини, јер су купили изборног агента-чиновника том дозволом да прибавља новац свим средствима. Можда мислите да претерујем. Хајде, онда, пошаљите вагон из неке железничке станице, а да не платите велику напојницу. Скоро свуда ће ваш вагон чекати недељама док не крене, а за то време ћете губити интерес на новац уложен у робу која треба да се испоручи. Или, пак, погледајте мало шта се дешава на царини. Зашто X плаћа безначајну суму за робу чије ће право увоза Y-а коштати великих пара? Врло просто — зато што је X „пристао на игру” и дао бакшиш, а Y није хтео то да учини. Или, покушајте да уговорите неку концесију у вашем Министарству шума и рудника. Можете да дајете и по држву најповољније понуде, од посла ништа неће бити ако не разделите замашне чекове високим чиновницима, а напојнице нижим. Све сам ја то видео и веома ми је жао што морам да приметим да су тај обичај, веома штетан и по државу и по појединце, користиле чак и личности које сам сматрао поштеним, али је и њих заразила средина.

Ваша омладина која трчи за чиновничком службом добро зна да јој плата неће бити сјајна, али рачуна да ће то надокнадити митом и другим ситним радњама. Уз то, она кани да живи безбрижно са што је могуће мање рада. Чак јој ни на памет не пада да је у добро уређеној држави сваки чиновник мала карика у ланцу који покреће точак државе и да свака карика мора пратити то кретање како би тај точак произвео максимум корисног рада.

Ово се мора рећи. Све сте учинили да бисте своју омладину довели до тачке на којој је данас. По природним богатствима ваша земља је била предодређена да буде превасходно пољопривредна. Уместо да усмерите омладину на рационално обрађивање земље тако што ћете јој пружити добро основно школовање, па одлично пољопривредно-техничко отварање, засенили сте је славом високих научних студија, независношћу — на папиру — и зарадама у такозваним слободним занимањима. Уместо да сте у сваком селу подигли основну школу и да сте је стално усавршавали, уместо специјалних школа за пољопривреднике и занатлије, у сваком градићу сте основали „гимназије”, а универзитете и факултете у Београду, Скопљу, Суботици и Љубљани. Штавише, да бисте охрабрили младе да напуштају село, увели сте бесплатно средње и универзитетско образовање. А земље старе културе и заиста најдемократскије земље, попут Швајцарске, имају бесплатно основно образовање, али се више школовање плаћа. Знају оне зашто то чине: не желе да лише државу најздравијег елемента, пољопривредника и занатлија. Ви претерујете у том демагошком полету. Опет у циљу страначке политичке пропаганде, установили сте бројне стипендије како вам студент на универзитету не би плаћао школовање, као што се то, уосталом, свуда чини, већ га за то и плаћате. Успели сте тако да све више празните села и привлачите на универзитет хиљаде и хиљаде младих оба пола, који неће бити ништа друго до научни пролетаријат пошто за то немају истинске склоности, а пронашли би себе на селу, којем већ недостаје радна снага, ако би се плански приступило обрађивању. Створили сте мноштво рђавих чиновника који ће штетити држави јер ће лоше радити и увек ће бити незадовољни.

Допустили сте, затим, да се на вашим универзитетима створе чудновати обичаји и навике. Није задатак универзитета да професори декламују лекције, које ће студент научити напамст. Студент може да нађе у књигама све градиво које се предаје на универзитету. Вредност универзитетске наставе јесте у професоровом начину посматрања и његовом личном утицају на духовно изграђивање студената. Како код вас може да се говори о личном утицају професора на студенте када он, као што је случај на Београдском универзитету, посредством вратара продаје своја умножена скраћена предавања, која студенти, не долазећи на часове, за испите уче напамет? Многи ваши студенти нису присуствовали ни једном јединоm предавању на универзитету. Једноставно, само су се уписали и купили или позајмили од некога умножен кратки преглед предавања која су морали да прате. Издајући се за студенте и уживајући све погодности тог статуса, они заузимају места у администрацији, банкама итд. Када процене да је погодан тренутак, напамет науче кратке прегледе предавања, излазе на испите и добијају „универзитетску" диплому. Тако сте у очима свих оних који знају како се постаје „дипломац" на вашим универзитетима срозали њихов углед. Ваша диплома постаје само парче папира која омогућава његовом власнику да постане лош чиновник. Често сам бивао запањен незнањем „професора" који су изашли са вашег универзитета, посебно професора природних наука. Наравно, ваши студенти медицине не могу на тај начин да студирају. Принуђени су да иду у сале за дисекцију и на клинике. Уосталом, имате изврсних лекара Срба који би били у стању да образују добре ученике. Међутим, као и у осталој универзитетској настави, не шаљете им добар студентски материјал, а са слабим материјалом ни најбољи професор не може да обави добар посао. Без икаквог одабирања пренатрпавате слушаонице.

Рекло би се и да са погубним уживањем гурате жене на високе студије. Потпуно заборављате да је жена по природи, створена за другачију судбину од мушкарца. Жена је у нечему суериорнија од мушкарца, а мушкарац у нечему суериорнији од жене. Искуство дуго, сада, већ скоро пола века, показало је да је жена, уз врло ретке изузетке, дала само осредње резултате у науци. Наведите ми, осим госпође Кири, која је добро искористила дело свога мужа, једну једину жену која је остварила нешто велико у природним наукама, медицини, књижевности итд. Нећете пронаћи ниједну. Зашто, онда, гурате своје девојке на универзитетске студије? Зар не мислите да оне на њима губе женственост и да постају неспособне да стварају и воде породицу, што је суштинска сврха жене?

Погледајте само како неуредно живи већина ваших студенткиња на универзитету. Потражите у болници статистичке податке о сифилистичаркама, побачајима и абортусима девојака које сте послали на универзитет.

Престравићете се. Прошетајте за лепа времена Кошутњаком и пребројте парове студената и студенткиња који тамо, без икаквог устручавања воде љубав. И са таквим женама ви бисте да обновите земљу искрвављену ратовима и таквим женама бисте поверили децу на васпитавање?

Универзитет је највиша образовна установа у некој земљи. Као таква она треба да буде пример, а дисциплина на њој најстрожија. Први се универзитет мора повиновати неопходним захтевима за добро функционисање државе. А шта сте ви урадили? Допустили сте универзитету све слободе. Позивајући се на „аутономију универзитета”, ваши студенти себи допуштају оно што код других неће трпети. Воде страначку политику, желе да намећу земљи своју вољу, а још обрисати нос честито не знају, организују штрајкове, чак и праве мале буне и сл., а ви то лепо допуштате и ту необуздану омладину не кажњавате добрим прутом по стражњици. Зар не увиђате да тако дајете лош пример младима, грађанима, сељацима и радницима? Њима ће неминовно пасти на памет да је и њима дозвољено оно што је дозвољено онима који су одређени да буду будућа елита земље, и тако гајите недисциплиновану, себичну омладину која не хаје за потребе државе.

Ваши универзитетски професори не чине ништа да би променили то по земљу кобно стање. Опет сте ви криви, моји српски пријатељи, што су они које сте изабрали да вам васпитавају студентску омладину тако незаинтересовани. У ствари, ви не постављате на та почасна места у образовању своје најбоље снаге, већ и ту велику улогу има страначка политика, „кумство", појединачни интереси неких тренутних моћника. Истина је да на универзитету имате људе велике вредности, али су велика већина медиокритети који су на та места стигли захваљујући страначкој политици или њеној подршци. Њих, наравно, нимало не занима морална, па чак ни научна вредност ученика. Они састављају и умножавају своја предавања, крчме их и воде страначку политику како би, на тај начин, зарадили што више новаца. И сами сте их натерали да крену тим путем пошто их плаћате тако мало да им је готово немогуће да живе само од професорске плате ако имају породицу. Велика већина ваших универзитетских професора нису изабрали тај позив подстакнути занимањем за науку, већ да би постали посланици, касније министри, или, ако су лекари или адвокати, да би могли, као „професори”, испостављати претерано високе рачуне приватној клијентели. Из самилости, или захвалности, а то осећање вам је на част, сматрали сте да вам је дужност да на универзитет доведете све оне тобоже избегле руске професоре, а они су, врло често, обичне варалице. Ако су ти руски професори и били универзитетски професори у својој земљи, онда су у том послу пропали будући да је њихов образовни рад направио Русију земљом дивљака и убица. И ви у такве руке стављате образовање оних који би морали да вам буду цвет омладине?! Са професорима које вам је изабрала страначка политика и кумство и тим руским професорима, створили сте колегијум такозваних васпитача чији су чланови ужасно љубоморни једни на друге и којима је последња брига добро ове земље. Ти професори гуше сваку изразитију индивидуалност која би могла да засени њихову властиту осредњост. Они убијају оно, за сваки напредак, толико потребно надметање. Уопште се не баве духовним потребама својих ученика. Њиховом кривицом универзитет вам је постао апатриотски.

Допустили сте тако да умре дух ваше омладине. Дозволили сте да се она угледа на све оне ваше скоројевиће, забушанте, зеленаше, ратне богаташе, сумњиве политичаре, затроване жудњом за новцем. Ваша омладина је њихова жртва. Образована је по узору на њих. Дужност вам је била да је сачувате од тог узора, а ви то нисте учинили. Припазите да вас тај немар једног дана прескупо не кошта. Може вас коштати и земље јер ова омладина се неће жртвовати на олтару отаџбине кад зазвони на узбуну, а зазвониће једног дана, као она омладина која је водила ослободилачке ратове. Данашња омладина ће вам одлучно рећи да нипошто не жели да гине јер јој то ништа не доноси. Зна она из искуства, гледала је то својим очима, и како они који су се жртвовали, код вас, у вашој модерној Србији, добијају само ногом позади.

ЗАКЉУЧАК

Отворено сам вам рекао шта сам видео код вас и шта је опасно по будућност ваше земље. Нисам све рекао, само сам вам указао на оно најштетније. Верујте ми да ме је то често заболело и да сам ту опасност можда више осетио него ви. Зашто? Напросто зато што волим вашу земљу — а од ње ништа не очекујем — идеалистичкије од вас и што сам јој жртвовао све оно што човек може да жртвује. А, знате добро, што се човек више жртвује за некога или нешто, то му је привржениј. С правом или не, мислим да сам и ја заслужан, макар и у најмањој могућој мери што је ваша нација успела да досегне и оствари сан предака: да окупи и уједини српске или, ако више волите ову реч, југословенске земље. У пресудним тренуцима сам јемчио за вас. Не бих желео да ми неко каже да сам то чинио за нацију која то не заслужује.

Међутим, да ми то неко не би могао приговорити, дајте предност својим врлинама и ишчупајте из тела оне ружне бубуљице на које сам вам указао на овим страницама, а њих ћете читати тек после моје смрти. Ви то можете да учините. Тело вам је здраво, само га прља површинска кожна болест. Трљајте, снажно трљајте своје тело и скините ту ружну прљавштину која га нагрђује и погани.

Немојте дозволити да ваша лепа душа пропадне у том ђубрету које се на њој наталожило нарочито после рата. Нација која је, попут ваше, одолела вековном ропству, која се повукла преко Албаније и која је, изгнана из своје земље, али не и поражена, успела да се врати на своја огњишта као победник — не допушта да је подјарми шака себичних и подмитљивих политичара, гнусних шићарџија, презира достојних забушаната и злочинских профитера и зеленаша.

Упркос свему, ја верујем у будућност вашег народа. Дух Косова, Карађорђа, Куманова и

Кајмакчалана поново ће се пробудити. Мора се међутим, брзо пробудити, јер без њега ћете можда поново доживети време робовања које ни у чему неће заостајати за оним претрпљеним које су ваши стари победили жртвовањем и јунаштвом. Судбина вам је у властитим рукама: блистава будућност или поново ропство!

Београд, 1. јуна 1928.
Р. А. Рајс

Рудолф Арчибалд Рајс рођен је 8. јула 1875. године у јужнонемачкој покрајини Баден. После завршеног основног и средњег образовања у Немачкој, одлази на студије у Швајцарску, у романски кантон Во.

Звање доктора хемије стиче већ у 22. години. Недуго после тога бива изабран за вишег асистента, а затим и за доцента за фотографију и фотохемију Универзитета у Лозани. Врши многобројна истраживања, а посебно га интересује примена научне фотографије у медицини, криминалистици и судству, истражује нове методе идентификације особа, постаје пионир научне криминалистике.

У Лозани 1900. године оснива Институт за техничку полицију и криминологију. Сарађује са многим редакцијама и учествује на стручним скуповима и научним конгресима. Од 1901. године уређује часопис *Швајцарска ревија за фотографију*.

Рајс убрзо стиче и ауторитет практичног криминолога, па већ од 1904. године учествује у вештачењима при кантоналним и другим швајцарским судовима.

За редовног професора криминалистике именован је 1906. године. Као професор наставља да се предано бави научним радом и стиче углед криминолога светског гласа.

Убрзо по избијању Првог светског рата, а на позив српске владе, Рајс са групом швајцарских лекара стиже у Ниш, ратну престоницу Србије. Српска влада позива Рајса да, као познати научник и криминалистички стручњак из неутралне земље, истражи злочине Аустро-Угара, Немаца и Бугара над цивилним становништвом и утврди кршење међународних конвенција.

У Нишу је пријатно изненађен хуманим односом и поступањем према заробљеним аустроугарским војницима којима није фалила длака с главе; српски војник поштовао је Женевску конвенцију која је налагала цивилизацијско понашање према ратним заробљеницима. У Мачви је запрепашћен неделима окупатора, посебно у Шапцу, Лешници и Прњавору.

Рајс је заволео српског војника и српски народ и до краја живота остао у Србији. Са српском војском прешао је Албанију, Солунски фронт и са Моравском дивизијом умаршираo у ослобођени Београд, новембра 1918. године.

Био је члан делегације југословенске владе на Мировној конференцији у Паризу, 1919. године.

После рата модернизовао је техничку полицију при Министарству унутрашњих послова нове државе. Тадашња криминалистичка техника, по мишљењу америчких истраживача који су путовали по Европи проучавајући баш овај вид полиције, била је на веома високом нивоу. Упркос томе, Рајс се, разочаран неким негативним појавама у друштвеном и политичком животу, пред крај живота повлачи из свих јавних функција. Живи скромно у својој вили Добро поље у Београду где је и преминуо 8. августа 1929. године.

Узрок смрти био је мождани удар као последица жучне свађе са првим комшијом — бившим министром и ратним профитером Капетановићем који је рат провео у иностранству. Сахрањен је са свим војним почастима и по православном обреду. По сопственој жељи, његово претходно извађено срце однесено је у урни на Кајмакчалан где је сахрањено заједно са осталим ослободиоцима Солунског фронта.

У времену пред смрт, разочаран је и својом личном судбином, и каријеризмом, и корупцијом у земљи. У својој скромној кући на Топчидеру, Рајс пише ратне мемоаре, *Шта сам видео и проживео у великим данима*, као сведочанство о једном узбурканом времену у Србији. Из тог времена потиче и његово посмртно завештање српском народу, необјављен рукопис ове књиге *Чујте Срби!* на француском језику.

Рудолф Арчибалд Рајс
Чујте Срби!

Лондон, 2023

Издавач
Globland Books
27 Old Gloucester Street
London, WC1N 3AX
United Kingdom
www.globlandbooks.com
info@globlandbooks.com

Насловна фотографија
Ronaldo de Oliveira
(https://unsplash.com/photos/k05QbOC-
fOh0)